SCIENCE

岩波科学ライブラリー 261

オノマトペの謎

ピカチュウからモフモフまで

窪薗晴夫 編

岩波書店

目次

序　日本語にはオノマトペが欠かせない

窪薗晴夫

動詞で泣くイギリス人、副詞で泣く日本人

「イギリス人は動詞で泣く、日本人は副詞で泣く」と言われている（楳垣実『日英比較語学入門』大修館書店、一九六一年）。人間が泣く様々な様子を、英語は cry, weep, sob, blubber, whimper などの異なる動詞で表すのに対し、日本語は「ワーワー泣く」「メソメソ泣く」「クスンクスン泣く」「オイオイ泣く」「シクシク泣く」のように異なる副詞を使って表している。ここで使われている副詞が擬声語（擬音語）、擬態語などのオノマトペである。

オノマトペは人間の動作を記述するときだけに使われるわけではない。日常生活ではここかしこにオノマトペやオノマトペ由来の語が使われている。日本語に欠かすことのできない存在であることは、私たちの日常生活を考えればすぐに理解できる。

例えば身近な物の名前を考えてみる。赤ちゃんをあやすおもちゃと言えば「ガラガラ」がまず思い浮かぶ。手で振ってガラガラと音がするからガラガラと呼ばれているわけであるが、

他に呼び方がないのか、これが普通名詞として定着している。擬声語がなかったら、このおもちゃは何と呼ばれていたのであろう。「手振りおもちゃ」とでも呼ばれていたのだろうか。同じように、「ガチャポン」(カプセルに入ったおもちゃが出てくる自動販売機やカプセル入りおもちゃ)や「ガリガリ君」(かき氷をアイスキャンディーでコーティングした氷菓子)などの商品名は、オノマトペがなかったらどのような名称になっていたのだろう。

商品名だけではない。アニメやカードで子どもたちに人気のある『ポケットモンスター(ポケモン)』の主人公「ピカチュウ」は、稲光を表す「ピカリ、ピカッ」という擬態語と、ネズミの鳴き声を模した「チュー」という擬声語がくっついてできた合成語である。高圧の電気をピカッと放って相手を攻撃するネズミ型ポケットモンスターで、「ピカチュウ」という名前は、電気(雷)とネズミの特徴をうまく組み合わせている。ポケモンにはなくてはならない存在であるが、仮に日本語に擬声語や擬態語がなかったら、ピカチュウは何と呼べばよかったのだろう。「雷ネズミ」や「稲妻ネズミ」とでも呼ばれていたのだろうか。あるいは怪力や剛力という普通名詞から「カイリキー」「ゴーリキー」というポケモン名が生まれたように、稲光やネズミという単語をもとにして「イナビー」もしくは「ネズミー」と命名されていたのだろうか。

ポケモンが世界中で人気を博す中で、多くのポケモンが日本語版の名前から外国語版の名前へと呼び方を変えていったが、ピカチュウだけは世界中どこにいっても「ピカチュウ」と呼ばれている(例えば英語ではPikachuであり、語頭のPiにアクセントを置いて発音される)。「ピカチュウ」という名前が「ピカッ」「チュー」というオノマトペの合成語であるために、名称を変える必要がなかったのであろう。

キャラクター名では彦根市の「ひこにゃん」も同様である。「ひこ」は彦根の彦であるが、「にゃん」は猫の鳴き声を模倣した「ニャンニャン」から来ている。彦根の猫だから「ひこにゃん」という名前がつけられたわけだが、もし「ニャンニャン」という擬声語がなかったら何という名前になっていたのだろう。「ひこねこ」とでも呼ばれていたのだろうか。「ひこねこ」ではドラ猫や野良猫のような普通名詞のようであり、「ひこにゃん」が持つ愛らしさやリズム感は伝わってこない。

動植物の名前にしても、「郭公(カッコウ)」「ペンペン草」「ミンミンゼミ」「ガラガラヘビ」など、オノマトペに由来しているものが数多く存在する。いずれも国語辞典に載っているなじみ深い語である。擬声語や擬態語がなかったら、ペンペン草は「なずな」、ガラガラヘビは「クロタルス(*Crotalus*)」といったように、それぞれ正式名称で呼ばなくてはいけなかったのかもしれない。医学の世界では「もやもや病(moyamoya disease)」(脳底部に異常血管網がみられる脳血管障害)のように正式名称になったものまである。

日本語の中でオノマトペが際立って多く見られるのが童謡である。例えば『犬のおまわりさん』(佐藤義美作詞)では「ニャンニャンニャンニャーニャン」「ワンワンワワン」、『おつかいありさん』(関根栄一作詞)では「こっつんこ」「ちょんちょん」などのオノマトペが出てくる。オノマトペがなかったらどんな歌詞になっていたのだろうか。少なくとも、これほどまでに子どもたちに慕われる歌にはならなかったのではなかろうか。

このように、オノマトペは私たちの生活と密接に関係しており、日常生活の大事な部分となっている。オノマトペなしでは日本語の会話が成り立たないほどに、私たちの言葉の中に定着しているのである。

オノマトペとは何か

ここで、オノマトペ、擬声語、擬態語などの言葉が何を指しているかを確認しておこう。

まず、辞書の中でオノマトペはどのように定義されているのか。『広辞苑』(第六版)では、「オノマトペア(onomatopoeia)」で項目が立っていて、「擬音語に同じ」とある。次に「擬音語」を引くと次のように記されている。

実際の音をまねて言葉とした語。「さらさら」「ざあざあ」「わんわん」など。擬声語。広義には擬態語も含む。オノマトペア。オノマトペ。

一方『大辞林』(第三版)では「オノマトペ」が「onomatopée(フランス) 擬音語・擬声語・擬態語を包括的にいう語」と定義されており、擬音語の項を見ると、擬声語を見よと指示されている。擬声語と擬態語はどうかというと、次のように書いてある。

擬声語――物の音や人・動物の声などを表す語。「ざわざわ」「がやがや」「わんわん」「しくしく」の類。擬音語、写生語。

擬態語――物事の状態や様子などを感覚的に音声化して表現する語。「にやにや」「うろうろ」「じわじわ」「ぴかり」「ころり」「てきぱき」などの語。

『大辞林』には擬声語と擬態語の違いとして次のような記述もある。

（擬態語は）擬声語の一種ともされるが、狭義の擬声語が、自然の音響や人間・動物などの音声を直接的に言語音に模倣して写すのに対して、擬態語は、音響的には直接関係のない事象の状態などを間接的に模倣し、象徴的に言語音に写したものである。

さらに、用法の違いとして次のように説明されている。

擬声語は、そのままの形で、または「と」を伴って連用修飾語となる。ただし、擬態語のように、「――だ」の形で用いられることは少ない。

擬態語は、そのままの形で、または「――と」「――だ」「――する」などの語によっていろいろな形で用いられる。

以上が辞書におけるオノマトペの説明であるが、言語研究においてはもう少し細かく分類されることが多い。例えば国語学者の金田一春彦は、擬声語を人間や動物の声を表す「擬声語」（わんわん、げらげら等）と、自然界の音を模した「擬音語」（ざあざあ、ぱちぱち等）に分ける一方で、擬態語を「きらきら、さらっと」のように無生物の状態を表す「擬態語」と、「のろのろ、ふらりと」のように生物の状態・様態を表す「擬容語」に分けている。さらに「いらいら、わくわく」のように人間の心理や感覚を表すものを「擬情語」として独立させた。金田一は日本語のオノマトペを、このように擬音語、擬声語、擬態語、擬容語、擬情語の五種類に分けている。

オノマトペにはたくさんの謎がある

このように日本語はオノマトペをとても好む言語であり、それが日本語の大きな特徴だとも言われているが、その詳細はいまだによくわからない。例えば、そもそもどうして日本語にはオノマトペが豊富なのだろう。昔から豊富にあるとすると、その意味や役割は昔から変わらないものだろうか、それとも時代や地域によって変化するのだろうか。またオノマトペは赤ちゃんの言葉にもたくさんあるが、それは言語を身につけるのにどのような役割を果たしているのだろう。さらに大人のコミュニケーションではどのような役割を果たしているのだろうか。

日本語以外の言語に目を転じると、他の言語にもオノマトペはあるのだろうか。あるとすると、日本語のオノマトペとどのように異なるのだろう。また、外国人が日本語を学ぶ際に、日本語のオノマトペはどのような障壁となるのだろうか。このように、オノマトペをめぐる疑問は数多い。

本書は日本語の豊かさとなっているオノマトペを、音と意味の関係、オノマトペの歴史や方言、赤ちゃんや日本語学習者による習得、日本語（日本人）の感性、他言語との比較など、様々な観点から考察する。八つの章においてそれぞれ素朴な疑問に答えながら、日本語に特徴的と言われているオノマトペの魅力と謎に迫りたい。

1　「スクスク」と「クスクス」はどうして意味が違うの？

浜野祥子

「パン（を食べる）」とか「勘（がいい）」というような言葉と違って、オノマトペは、個々の音が意味を持っている特殊な言葉だと言われる。確かに、オノマトペの「パン（と割れる）」のpは、破裂を意味しているようだし、「カン（と叩く）」のkは、硬い金属のようなものを意味しているように思える。オノマトペの音と意味の間には、何か必然的な関係がありそうだ。

しかし、オノマトペの辞典をちょっと繰《く》ってみれば、この期待に反するものがすぐ見つかるのも事実だ。例えば、「パクパク（食べる）」はkが入っているのに、硬いものを食べる意味にはならない。それに、何より「スクスク（育つ）」と「クスクス（笑う）」は、同じs、k、uの音からできているのに、意味が全く違う。形の上で違っているのは、順番だけだ。

個々の音に意味があるのなら、どうして、順番が違うだけで、こんなに大きな違いが出てくるのだろうか。この章では、このような疑問に答えることで、オノマトペの音象徴（音そのものが感覚やイメージなどに結びつくこと）の仕組みに迫ることにしよう。

個々の音に意味があるってどういうこと？

はじめに、日本語のオノマトペで、個々の音に意味があるというのはどういうことか、確認しておこう。オノマトペで「音と意味のつながり」という時の音の単位とは、「パ」、「ピ」、「カ」のような音節ではない。音節より小さい、音節を構成しているpとかaといった子音や母音のそれぞれに、個々の語を超えて何か共通の使い方が認められるのだ。

これを理解するには、ひらがなやカタカナで表すより音声記号の方が適している。幸いなことに、日本語の場合、訓令式のローマ字による表記は、音声記号での表記とあまり変わらない。そこで、ここから先では、オノマトペには基本的に訓令式のローマ字を併記する。ただし、撥音《はつおん》「ん」と促音「っ」には、それぞれNとQを当て、母音の長さは、母音を繰り返すことで表すことにする。

では、まず、次の三つの文を比べてみよう。

風船がパン（paN）と割れた。
糸をピン（piN）と張った。
鐘をカン（kaN）と叩いた。

これらの文で、パンは、「張り切った表面の破裂」を表し、ピンは「糸の緊張」を表し、カンは、「硬質のものを叩くこと」を表している。パン（paN）とピン（piN）に共通しカン（k aN）にはない音はpだ。そこで、パンとピンに共通しカンにはない意味がわかれば、それがpの意味ということになる。それは、「張力のあるもの」だ。

pが「張力のあるもの」を表すことは、他にも多くの例から確かめられる。次の例文のピンとプーッは、どちらも、空気を含んで張ったものを描写している。

卵の白身の泡がピン（p i N）と立った。

ホットケーキの泡がプーッ（p u u Q）と膨らんできた。

一方、前述のパンとピン、さらに次の例のパッとポッを比べれば、母音のaが「広がったもの」を表すのに対し、iやoには、そのような意味がないことがわかる。

視界がパッ（p a Q）と広がった。

灯りがポッ（p o Q）とついた。

このように、音と意味の対応を語る上での個々の音とは、音節より小さい。しかも、子音や母音だけではない。子音より小さい、子音を構成する要素にも独自の意味を持つものがある。次の二組の例文を比較すると、それがわかる。

風船がパン（p a N）と割れた。

風船がバン（b a N）と割れた。

戸をトン（t o N）と叩いた。

戸をドン（d o N）と叩いた。

これらの文では、パンよりはバンの方が、トンよりはドンの方が、「強い力、重いもの」を意味している。この意味上の違いは、pに対するb、tに対するdが共通に持っている音声的な特徴によっている。それは、簡単に言えば、「濁音化」、もっと精密に言えば、次の節で説明する「阻害音の有声化」だ。それが、「強い力、重いもの」という意味に結びついているのだ。

音象徴には自然な理由がある

以上のような音象徴には、自然な理由がある。pが「張力のあるもの」を表すことは、その発音方法からして納得がいく。pの音を出すためには、まず、唇を合わせて、空気の流れを止めて緊張を保つ。pが「閉鎖音」と呼ばれることがあるのは、そのためだ。その唇を閉鎖した時の緊張感が、音象徴につながっているわけだ。ただし、実際にpの音を出すためには、緊張を保った唇を一気に開いて、空気を通過させることが必要だ。そのために、pは「破裂音」とも呼ばれる。この音声的特徴に対応して、pには、次の例のように、「膨張した表面の破裂」の意味もしばしば含まれる。

誰かがプッ（puQ）ておならした。

「膨張した表面の破裂」という意味はさらに、比喩的に拡張されて、次の例のように「突然の事態」の意味にもなっている。

その歌手は、パッ(paQ)と有名になって、パッ(paQ)と消えた。

次に「濁音化」について考えよう。音声学では、一般にp、t、kのような「閉鎖音」(または「破裂音」)に対して、sのような音を「摩擦音」と呼んでいる。そしてさらにこの二つをまとめて、「阻害音」と言っている。それは、これらの音が、口腔内で空気の流れを阻害することによって生成されるからだ。

これらの阻害音p、t、k、sに声帯の振動を加えるのが有声化で、その有声化したb、d、g、zが、「濁音」(バ行、ダ行、ガ行、ザ行)の子音部分だ。

実は、b、d、g、zは、同じく有声音である母音に囲まれた環境でなければ、p、t、k、sに比べて生成が困難なことが知られている。阻害音は、前述のように、口腔内で空気の流れを阻害することで生成するが、口腔内で空気の流れを止めると、声帯より上の気圧が高まって空気が声帯より上に流れにくくなる。そのままでは、声帯を空気の流れで振動させることが困難になってしまう。そこで、阻害音の有声化には、頰を膨らませたりして口腔を広げ圧力を下げることが必要になる。つまり、有声化は、阻害音にとっては、より不自然で、いわば努力を要するプロセスなのだ。これが、語頭の有声の阻害音に「強い力、重いもの」という意味が結びつく理由だと考えられる。

最後に、パン(paN)やパタン(pataN)に現れる撥音Nについて考えよう。Nは、「緩やかに消えていく共鳴音」あるいは、「余剰エネルギーによる反動や運動の余波」を意味している。この意味も、音そのものの特徴からきている。

Nは、後続する音が子音のp、mの場合は鼻音mに、t、d、nの場合は鼻音nに、母音の場合は鼻音化した母音になるというように、環境によっていろいろ変化する、カメレオンのような音だ。変わらないのは、鼻腔に空気が迂回されることによって生成される共鳴音だということだ。撥音Nの音象徴「共鳴音、反動、余波」といった意味は、この中心的な音声的特徴に結びついている。

このように、オノマトペの音象徴には、かなりの音声的な基盤がある。音と音が表すものの間に自然な関係があるのだ。

k／g、t／d、s／zの音象徴

ところで、先ほど見た例からわかるように、pとbは、有声化にともなう、「強さ、重さ」という点での違いはあるが、同じような表面が関わる、同じような運動を表している。これは、kとg、tとd、sとzでも同じだ。そこで、「強さ、重さ」という点での違いを無視すれば、これらの音のペアは、p／b、k／gというように、一まとめに扱うことができる。

それでは、p／bと対立するk／gの意味は、何なのだろうか。これは、「硬質のもの」だということが、前にあげたカン（kaN）の例や、次のような例で確認できるだろう。

アルミの窓がキー（kiːi）と開いた。

て表現される。

重い戸がギーッ(g・i・iQ)と開いた。

右の例では、硬質の建具のたてる音がk／gによって表現されている。同様に、金属が擦りあって出すような、耳障りな機械音も、次の例のように、k／gで始まるオノマトペによって表現される。

爆撃機がキーン(k・i・iN)という音をたてて飛んでいった。

爆撃機がギューン(gyuuN)という音をたてて飛んでいった。

k／gの「硬質」という意味は、比喩的に拡張されて、「固い態度や鮮明な軌道をもつ運動」にも使われる。

キッ(k・iQ)と見つめた。

急に線がクッ(kuQ)と曲がった。

棒をグッ(guQ)と曲げた。

ただし、k／gは、「硬質のもの」の意味だけには終わらず、「空洞(を通過する音)」という、「硬質のもの」とは関係のなさそうな意味もある。

風がゴーッ(gooQ)とトンネルの中を通り抜けた。

次の例も、「空洞」と関係している。この場合の「空洞」とは、呼吸器官だ。

犬は、あたりをクンクン(kuNkuN)かぎまわった。

父は、グーグー(guuguu)といびきをかいて寝ている。

この「空洞」の意味は、k／gが、口腔という空洞の奥の方で生成されることに原因があるらしい。

次にp／bとt／dを比較しよう。t／dの意味は「張りつめていない表面を叩くこと」だということがわかる。

鼓を勢いよくポン（poN）と叩いた。

戸を、トントン（toNtoN）叩いたが、誰も出てこないので、今度は、ドンドン（doNdoN）叩いた。

p／bとt／dの対立は、p／bが辺りに広がる強い匂いや強烈な感覚に使われるのに対し、t／dは局部的な刺激に使われるという違いとしても現れる。

百合の匂いが、プーン（puuN）と匂った。

アンモニア臭い匂いがツーン（tuuN）と鼻にきた。

最後に、s／zを見よう。pと比較することで、sは「滑ること」を意味することがわかる。

もちがプッ（puQ）と膨らんだ。

浮きが水面をスッ（suQ）と走った。

見ている間にパーッ（paaQ）とつぼみが開いた。

カーテンをサーッ（saaQ）とひいた。

また、「滑ること」という意味は、「速い運動」という意味に転化していることもわかる。

サッ（saQ）と仕事を終わらせた。
ザッ（zaQ）と読み終えた。

さらに、s／zには「摩擦」の意味も認められる。これは、摩擦音であるs／zの音声的な特徴に基づいた音象徴だと言えるが、特に、zの場合は、有声化の持つ「重さ」の意味のために、より「摩擦」という意味を持ちやすいらしい。

隙間風がスースー（suusuu）入ってきた。
ザーッ（zaaQ）と砂がこぼれ落ちた。
ズズッ（zuzuQ）と滑り落ちた。
病人は、ゼーゼー（zeezee）喘いだ。

このようにして、k／g、t／d、s／z、p／bの意味がほぼ明らかになった。これを表1-1にまとめておこう。

表1-1　阻害音の音象徴

k/g	硬い表面を叩く，または，空洞を通る音
t/d	張りつめていない表面を叩く
s/z	滑ること，摩擦
p/b	張力のあるもの，または，膨張した表面の破裂

一音節語基と二音節語基

さて、読者は、今まで見てきたオノマトペの形について、ある共通の点に気がついていたのではないだろうか。実は、以上で検討したのは、ほとんどすべて一音節の語基から派生したオノマトペと言われるものだ。一音節の語基は、パ（pa）、チ（ti）、コ（ko）、ス（su）のように、子音と母音の組み合わせからできているか、パン（paN）、チン（tiN）のように子音＋母音＋撥音Nからできている。そして、それに促音Q、長音、重複化などが加わって、いろいろなオノマトペとして使われる。例えばパ（pa）という語基をもとにして、次のような形が作られる。

パッ（paQ）と、パーッ（paaQ）と、パッパ（paQpa）と、パパッ（papaQ）と

またパン（paN）という語基をもとにして、次のような形が作られる（筆者は、以前は、パンは、パから派生するという考え方をとっていたが、今は、Nは、Qと違って、一音節の語基からは切り離せないという結論に落ち着いている）。

パン（paN）と、パーン（paaN）と、パンパン（paNpaN）と、パパン（papaN）と

このように、一音節の語基だけからでも、様々の表現が派生され、しかもそのそれぞれが比喩を通して意味を広げる。一音節の語基の生産性は高い。しかし、それよりもさらに生産的なのは、二音節のオノマトペ語基だ。二音節の語基とは、チク（tiku）、パチ（pati）、パク（paku）、スク（suku）のように「子音＋母音＋子音＋母音」からできた語基のことだ。

音節が一つ増えるということは、例えば四つの子音と五つの母音の組み合わせだけとって

も、論理的には、一音節の「子音＋母音」の場合の二〇個から、四〇〇個へと増えるということだ。もっとも、実際には、全部の組み合わせがあるというわけではないが、かなりの数の組み合わせが使われていることに間違いはない。さらに、それぞれの二音節の語基に、重複、促音Q、撥音N、さらに接辞r·iなどが加わって様々の形態をとることができる。パク（paku）を例にとれば、次のような形態がある。

パクッ（pakuQ）と、パクリ（pakur·i）と、パックリ（paQkur·i）と、パクン（pakuN）と、パクパク（pakupaku）と、パクパクッ（pakupakuQ）と

そういうわけで、日本語のオノマトペの大半は、実は、二音節の語基から作り出されている。

本当に音の意味は一定？

さて、ここで、いよいよ本題に近づく。今まで見てきた一音節のオノマトペの子音の意味と次の例文で使われているチク（t·iku）の意味を比べて、何かおかしくはないだろうか。

虫にチクッ（t·ikuQ）と刺されて痛い。

これまで、筆者は、t／dは「張りつめていない表面を叩くこと」だとか、k／gは「硬いもの」を示すとか、言ってきた。右の例でも、チク（t·iku）は皮膚への運動を表しており、確かにtの意味は、一音節のオノマトペで確認した意味と共通しているようだ。しかし、それでは、一音節のオノマトペで確認したk／gの「硬いもの」、あるいは「空洞」という意味は、どこに行ってしまったのだろうか。個々の音が一定の意味を持っているのなら、なぜ、チクは、tとkの双方の意味を保っていないのだろうか。それに、次の例も、奇妙といえば奇妙だ。

子どもは、スクスク(sｕｋｕｓｕｋｕ)育った。

子どもは、クスクス(kｕｓｕｋｕｓｕ)笑った。

スクスクとクスクスは、同じs、k、uという音からできているが、全く意味が違っている。スクスクはのびやかな成長の仕方、クスクスは押し殺した笑い声の表現だ。どう考えても、同じ意味だとは言いがたいし、比喩的な延長上にあるとも思えない。形態の上で違っている点と言えば、子音の順番だが、音の順番が反対になるだけで意味がこうも変わって、本当に音と意味に一定の関係があると主張し続けられるのだろうか。

二音節語基の構造

図1-1　2音節語基の意味構造(Cは子音，Vは母音を表す)

実は、今指摘した、一見矛盾と見えるような状況には、オノマトペの言語性とでもいったものが隠されている。というのは、日本語の二音節のオノマトペの語基では、同じ阻害音でも、現れる位置によって、意味が変わる。阻害音は、二音節語基の第一子音としては、ものの表面の特徴、つまり触感的な特徴を表すが、第二子音としては、運動の特徴を表す。図式化すれば、図1-1のようになる。

あとで関係してくることだが、この図は、「重さ、強さ」の意味がある有声化は、基本的に第一子音に委ねられることも示している。つまり、t／dを例にとれば、第一子音としてはtとdのどちらも現れうるが、第二子音としては、普通tしか現れないということだ(ただし、p／bはこの例外で、bも第二子音として現れる。それは、「ハ行転呼」と呼ばれる歴史的な音の変化にp／bだけが関与しているからだが、この説明は、いささか複雑になるので、またの機会にゆずろう)。

二音節語基での阻害音の意味

それでは、次に、二音節の語基では、同じ音でも位置によって意味が違うことを、例文を見ながら、一つ一つ確認していこう。ただし、この一般化があてはまる度合いは音ごとに多少違うので、よりはっきりしているものから確認していくことにする。

まず、第一子音のk／gは、「表面が硬質なこと」を意味する。この例は多く、意味もはっきりしている。次の例では、k／gは、食器、宝石、小石といった硬質のものに関係している。

戸棚の食器がカチャカチャ(katyakatya)と鳴った。

ダイヤモンドがキラキラ(kiraki ra)光っている。

小石が歯にゴリッ(gor iQ)と当たった。

一方、第二子音のkは、「空洞、あるいは、外から中、中から外への運動、あるいは上下の運動」を意味する。後半の意味は、一音節の語基のkの持つ「空洞」という意味が、運動として捉えなおされたものらしい。次の例は、「空洞」の意味のkだ(図1-1に関し触れたように、有声音のgはこの位置に現れない)。

パイの皮はサクサク(sakusaku)していて、おいしい。

この文では、サクのkは、空気の入った隙間があることを表している。さらに、次の文のパカッのkは、空洞が見えるように蓋が開くことを表している。

蓋がパカッ(pakaQ)と開いた。

次の三つは、「外と中の間の運動、または、上下運動」の例だ。

虫にチクッ(t iku Q)と刺された。

汗がダクダク(dakudaku)出てきた。

浮きがピクッ(p iku Q)と動いた。

いずれの例でも、第一子音のkの意味との違いは明瞭だ。

次に、t/dの意味を考えよう。第一子音のt/dは「張りつめていない表面」を意味する。「精神的な緊張のなさ」も、比喩的にt/dで表される。この例もはっきりしている。

チョコレートがトロトロ（ｔｏｒｏｔｏｒｏ）垂れた。

緊張がとけて、ダラッ（ｄａｒａQ）とした。

一方、第二子音のｔは、「打撃、接着」を意味する。この例も、非常に多く、第一子音との意味の違いも明瞭だ。

うちわがパタッ（ｐａｔａQ）と落ちた。

頭がゴツン（ｇｏｔｕＮ）と机に当たった。

蓋がカチッ（ｋａｔｉQ）とはまった。

次に、第一子音のｓ／ｚは、「砂や液体などの流動体」、「滑らかな表面」、また比喩的に「順調さ」などを意味する。

砂糖をサラサラ（ｓａｒａｓａｒａ）振りかけた。

よどみなく、スラスラ（ｓｕｒａｓｕｒａ）と暗誦した。

子どもは、シクシク（ｓｉｋｕｓｉｋｕ）泣いた。

右の例で、シクシクは、少し、わかりにくいかもしれないが、涙が外に出る様子を表しており、これも、「流動体」の意味を含んでいる。このように、第一子音のｓは、やはり、一般的に触感的な性質に関係している。

一方、第二子音のｓは、「滑らかさ」ではなく、「こする運動、摩擦」を意味する。これも、次の例でわかるように、かなりはっきりしている。

焦げた鍋の底をゴシゴシ(gosigosi)こすった。

枯葉がカサカサ(kasakasa)と音をたてた。

大きな葉をバサバサ(basabasa)切った。

このように、s／zも、一般に、第一子音としては触感を意味し、第二子音としては運動を意味する。ただし、第一子音のs／zには、次の例のように、動的な「滑ること」を意味していると考えられそうな場合もある。

子どもが階段をストン(sutoN)と滑り落ちた。

ひもをゾロゾロ(zorozoro)引きずった。

しかし、このような場合でも、第一子音としてのs／zの意味は、第二子音の意味する「こすること」とは違って「滑ること」で、これは、「滑らかな表面」という意味の延長だと考えられる。

最後に、第一子音のp／bは、「張りのある表面」を意味する。

濡れた紙が顔にペタッ(petaQ)と張り付いた。

もちがプクッ(pukuQ)と膨らんだ。

一方、第二子音のpは、「表面が破られること」を意味する。

名人は、刀で竹をスパッ(supaQ)と二つに切った。

ここで、二音節語基の阻害音の意味を、表1-2にまとめておこう。この表を、先ほどの

表1-1と比べてみると、非常に面白いことがわかる。二音節語基の第一子音では、一音節の語基の子音に見られた意味のうち、運動の意味が抑えられて、触感の意味のみになり、第二子音では、触感の意味が抑えられて運動の意味のみになっている。つまり二音節の語基では、一音節の語基の音象徴が分割されて、二つの位置に配分されている。

表1-2　2音節語基での阻害音の音象徴

	第1子音	第2子音
k/g	硬い表面	空洞，上下，内外の動き
t/d	張りつめていない表面	打撃，接着
s/z	流動体，滑らかな表面	摩擦
p/b	張りのある表面	破裂

冒頭の質問に対する答え

ここで、冒頭の質問を思い出していただきたい。それは、「パクパクにはkが入っているのに、硬いものを食べる意味にはならないのは、どうしてだろう」であった。この答えはもう明らかになっている。パクパクの場合、kが入っていても、それは、第二音節なので、硬質という表面の性質の意味は抑えられて、「中に入る」という運動の意味だけが現れるのだ。

同様に、スクスクとクスクスが、同じs、k、uの音からできているのに、意味が全く違うのも、説明がつく。スクは第一子音がsで、第二子音がkなので、「滑るように上に伸びる」ということを表す。クスは、第一子音がkで第二子音がsだから、「硬い表面のものが擦れること」を意味する。それが比喩的に拡張されて、擦れるような抑えた笑い声を意味する。

このような例は、他にも次のようなものがある。

酒をトクトク（ｔｏｋｕｔｏｋｕ）注いだ。

きつつきが木の幹をコツコツ（ｋｏｔｕｋｏｔｕ）つっついている。

右の例のトクとコツも、同じｔ、ｋ、ｏ、ｕからできているが、やはり意味が全く違う。トク（ｔｏｋｕ）では、第一子音のｔは、「弛緩した表面」の意味を持つので、そのような液体の表現に使われ、第二子音のｋは、「外に出る運動」を表す。一方、コツ（ｋｏｔｕ）では、第一子音のｋが「硬い表面」を表し、第二子音のｔが、「叩く」とか「接触」を意味している。そういうわけで、全く意味が違うのだ。

このように、組み合わせ方を変えるだけで全く違った意味を作り出せることは、実は、情報伝達方法の進化という点から考えて、言語の持つ非常に重要な特徴だ。オノマトペ外の例をあげると、「子どもの学校」と「学校の子ども」では、「子ども」と「学校」の順番が違っているだけで、全く意味が違っている。二音節のオノマトペ語基は、ちょうどこれと同じように、同じ要素を入れ替えて組み合わせることによって、様々の異なった意味を作り出すことができる。二音節のオノマトペ語基は、構造をよりどころとして新たな意味を作り出すという点で、極めて言語的だと言える。

オノマトペは非常に言語的

この章では、一音節語基と比べた場合の、二音節オノマトペ語基の構造的な特徴を見てきた。最後にオノマトペの言語性といったものについて触れておこう。

伝統的な言語学では、言語の主要な部分では、形態と意味の間に必然的な関係がないとされてきた。これを言語の「恣意性」という。この論に従えば、例えば、小麦でできた食べ物の「パン」を「パン」と呼ばなければならない必然性はない。このような言語の恣意性、言い換えれば自由さは、人間の自由な思考のために重要な役割を果たしてきたと考えられてきた。これに対して、音と意味の関係が恣意的でないとされるオノマトペは、人間の言語らしからぬ、あるいは、一歩譲って言語の一部としても中心的役割はないと考えられてきた。

しかしながら、近年では、言語学の中でも、言語の形態と意味の間に全く関係がないという主張はされなくなってきて、むしろ、例えば、他動詞に意味的に強く結びついた直接目的語は、構造的に他動詞に近い位置におかれるというような指摘がされている。つまり、何らかの動機付け、必然性は認められるようになってきたのだ。さらに、現代の言語学の主流には、言語間の表面的な違いは、普遍的で非恣意的な制約がどう組み合わさるかによって生じるのだ、という考え方がある。恣意的とは言えない、オノマトペのようなものを、言語学の中で真剣に取り扱う下地が整ってきたわけだ。

一方、最近では、オノマトペに対する見方も変化を遂げ、特に日本語のオノマトペは、形態と意味の間に必然的な関係のある領域でありながら、かつ、非常に言語的な構造性を持っているものだという考え方が広がってきている。

この、日本語のオノマトペの言語的な構造性ということが、この章の基本的な課題であった。そして、具体的には、冒頭で触れたように、個々の音に意味があるのなら、どうして、「スクスク」と「クスクス」のように、音の順番が違うだけで、意味が全く違うのかという疑問に答えることによって、この大きな課題に挑戦してみた。その結果わかったことは、特に日本語の二音節オノマトペ語基は、音声的な基盤にもとづく、音象徴という独特の要素を持ちながら、同時に音まねとは程遠い、言語的な原理に支配されているということだ。オノマトペは、「人間の言語らしからぬ」あるいは「言語に周辺的」どころか、極めて人間の言語に中心的な構造を持っているのだ。

2　オノマトペの意味は変化するの？

小野正弘

「きんきんに冷える」はいつから？

日本語のオノマトペは、奈良時代から存在する。そして、オノマトペの意味も、現在にいたるまで刻々と変化している。例えば、「よよ」というオノマトペは、平安時代には〈涙が（男女を問わず）とめどなく流れる様子〉と〈よだれが口からあふれて流れ出す様子〉を表わしていたのだが、のちに、〈女性が哀れげに泣く様子〉を表わすようになった。

しかし、ごく最近でもオノマトペの意味が変わったものを見つけることができる。その例として、本章では「きんきん」の場合を見てみよう。

「きんきん」といえば、最近は、「きんきんに冷えたビール」というものを思い出すかもしれない。この「きんきんに冷える」という言いかたについては、『毎日新聞』の「余録」が、

(1)　では「きんきんに冷える」「ざっくりとした説明」「気持ちがほっこり」「うるうるとした瞳（ひとみ）」といった最近の用法はどれほど浸透しているのか。国語世論調査では

「さくさく」の認知度は4割だったが、あとの四つは7割以上の人が聞いたことがあると答えている。

（二〇一三年九月二六日　東京朝刊）

と、文化庁が行なった国語世論調査の結果に基づいて伝えている。「きんきんに冷える」は、国民の七割以上の認知度があるという。しかし、この用法は、どれほど昔からあるものなのか。実は、『毎日新聞』の検索サイト「毎索」では、「きんきんに冷え」るは、二〇一一年以降の例が六例見つかるものの、それ以前は、

(2)「男らしい人」は「わたし」がアルバイトをしている喫茶店の常連で「俺（おれ）、レーコーな。きんきんに冷えた奴（やつ）。アイスてんこ盛りで頼むわ」。コテコテの関西弁。

（［再読・熟読］「欲しいのは、あなただけ」＝小手鞠るい著（新潮社）、二〇〇四年一二月一五日　東京朝刊）

という記事に出てくるのみである。検索期間は、一八七二年三月二九日～二〇一六年一一月一四日という、とても長い期間をカバーしているのに、ごく最近の例しか見当たらない。しかも、ここで「きんきんに冷え」ているのは、ビールではなくアイスコーヒーであり、さらに、話し手は関西人である。「きんきんに冷え」るの発信元は、関西なのか。この辺りを、各種データベースを用いながら検証してみよう。

「きんきん」は不快なものだった？

国立国語研究所には「現代日本語書き言葉均衡コーパス」(以下、「均衡」と略記)という、一九七〇年代から二〇〇五年までの、小説をはじめとする書籍・新聞・雑誌・教科書からブログにいたるさまざまな種類の書き言葉一億語をデータとして検索できるシステムがある。これを利用して、「きんきん」を検索すると、一一件見つかる。ただし、「きんきん」にはカタカナ表記形もあるので、そちらでも検索すると、四四件の結果が表示される(ただし、愛川欽也の愛称や、金目鯛の意味の「キンキン」は除いてある)。そのなかで最も古い用例は、

(3)　「そんなの、小説によくあるじゃない」ミーハーが、キンキン声でいった。
（辻真先『迷犬ルパンの大活劇』一九八八年）

というものであった。「均衡」の「書籍」の用例採集は、一九七一〜二〇〇五年のあいだであるから、一九七一〜八七年の範囲では、「きんきん」「キンキン」ともに現れないということになる。また、この例では「きんきん」の表記はカタカナであること、さらに、これは厳密に言うと「きんきん声」の例であることもわかる。

そして、最も重要なことは、この「きんきん」は、〈とても冷えている様子〉ではなく、〈(声が)甲高《かんだか》く頭に響いてくる様子〉を表わしていることである。さらに言えば、この「きんきん」は、あまりいいイメージはなく、やや不快なものとして捉えられていることにも注意する必要がある。三〇年ほど前までは、「きんきん」の意味は、現在とはかなり異なっていたわけである(「きんきん」といえば、〈甲高く頭に響く様子〉のほうだという世代もあるだろう)。ま

た、「きんきん声」という複合語でなくとも、「きんきん」には、

(4) そして、そのおくで、目をパチパチさせ、いきなり、ひざをたたいて、キンキンとひびく声をあげた。
（かんべむさし『ざぶとん太郎空をゆく!』一九八九年）

のような例が見える。やはり、声に関するもので、〈甲高く頭に響いてくる様子〉の意味で用いられ、あまりよいイメージとは言えない。「きんきんに冷えたビール」の「きんきん」が快感を表わすのとはずいぶん異なっている。また、文法的に見ると、(4)の「きんきん」は、「と」があとに付いているのに対して、(1)(2)では、「きんきんに冷える」と、「に」があとに付いていることも特徴である。

それでは、「均衡」では、〈とても冷えている様子〉に類する「きんきん」は見つからないかというとそうではなく、

(5) 残念なことです。こう凍りついてキンキンかたいと、春ある冬の詩趣だけでお暖り下さい、と思うには、
（宮本百合子「獄中の夫へ」一九八九年）

(6) タクシー拾って四谷荒木町の飲み屋横丁で、今度は菊正の生酒をコップで三杯。これがキンキンに瓶ごと冷えていて美味かった。そして、その後のことはよく覚えていない。
（景山民夫『俺とボビー・マギー』一九九二年）

のような例が見つかる。ただし、(5)の「きんきん」は、文脈の前に「凍りついて」とあるから冷えた様子に関わるようにも思えるが、これはむしろ〈きわめて固い様子〉を意味している

ようである（なお、この例は、実際には、一九四五年一月一一日の宮本顕治宛書簡にある例）。そうすると、「均衡」では、結局(6)の例が最も古い〈とても冷えている様子〉を意味する「きんきん」ということになる。しかも、(6)の例は、現在定番となっている、ビールの例ではなく、日本酒の例であることも目をひく。

さて、いま、「均衡」のなかを、二〇〇〇年以降とそれ以前に分けて、それぞれの時期における「きんきん」の意味の現れかたを整理すると、上の表2-1のようになる。なお、便宜的に、「きんきん声」のような複合語も、意味の区分に従って分類することにする（表の括弧内が「きんきん声」の内数の例数である）。

表2-1　「均衡」における「きんきん」の意味の年代差

	1988〜1999年	2000〜2008年
甲高くて頭に響いてくる様子	14(6)	20(3)
とても冷えている様子	2	16
きわめて固い様子	1	2

音の「きんきん」から冷たい「きんきん」へ

こうしてみると、実は、「均衡」における「きんきん」の意味は〈甲高〉のほうが主流であることがわかる（以下、意味については、適宜省略した書きかたにする）。けれども、〈冷〉との関係で見ると、一九九九年以前は、〈甲高〉が〈冷〉をはるかに凌いでいるのに、二〇〇〇年以降は、かなり拮抗した数値になっていることも見てとれる。それだけ、〈冷〉の勢力が拡大したことになる。なお、(5)で言及した〈固〉の意味は、二〇〇〇年以降にも見つかる。

(7) こっちは日本と違ってすごく寒くて乳首がキンキンに立っております。それも少しずつ暖かくなり、持ち前の柔らかさを取り戻し…って。（Yahoo!ブログ、二〇〇八年）

(8) フライパンで焼きましたビンチョウマグロ　冷凍されてキンキンになったかたまりでたまに安く売ってるんだけど結構おいすぃ。（Yahoo!ブログ、二〇〇八年）

(7)(8)ともに、寒さや冷凍によって固くなっているというところは、(5)と共通する。(5)は、前述のとおり一九四五年の例であったが、そのような例は最近でも見出せるものなのである。

ここまでの、現代書き言葉均衡コーパスから知ることのできる「きんきん」の意味の推移をまとめると、次のようになる。

- 全体として〈甲高くて頭に響いてくる様子〉のほうが〈とても冷えている様子〉よりも優勢である。
- 〈とても冷えている様子〉を意味する「きんきん」は、一九九二年から見つかり、二〇〇〇年代になると勢力を伸ばしてくる。
- 〈きわめて固い様子〉を意味する「きんきん」が少数ながら存在する。

さて、(1)(2)で、『毎日新聞』の「毎索」を利用して「きんきん」の意味を検討したので、さらに全体的な様相を見てみることにしたい。前述のように、「毎索」の検索期間は一八七二年三月二九日以降であるので、他の新聞社のデータベースよりも長期にわたる見渡しが可能となるという特長がある。「毎索」で得られた「きんきん」の例は、ひらがな一二例、カタカナ六二例の全七四例なのであるが、最も古い例は、一九九二年六月一六日付東京朝刊の例である。「均衡」よりも新しい。しかし、これは新聞という資料の特性であって、むしろ、この辺りで、記事に用いてもよい言葉として、新聞が「きんきん」を認定し始めたと解すべきであろう。また、「毎索」の特長と言える、検索のスパンの長さにより、これ以前の『毎日新聞』には「きんきん」が見られないということが確定するのも貴重な情報である。

さて、「均衡」と同様に、二〇〇〇年以降とそれ以前に分けて、「きんきん」の意味の出現状況を表にまとめると、上の表2-2のようになる(表中の括弧内は、表2-1と同じく、「きんきん声」の内数の例数)。

表 2-2　「毎索」における「きんきん」の意味の年代差

	1992～1999 年	2000～2016 年
甲高く響いてくる音	5	2
甲高く頭に響いてくる様子	5(3)	19(10)
とても冷えている様子	6	32
ひどく痛む様子	0	1
輝いている様子	2	2

この表2-2を表2-1と比較すると、意味の異同が目に付く。「均衡」にはあった〈きわめて固い様子〉が見当たらず、一方で、〈甲高く響いてくる音〉〈ひどく痛む様子〉〈輝いている様子〉という意味が加わっている。

まず、「均衡」にはなかった〈甲高く響いてくる音〉の意味について説明したい。さきに見た(3)(4)で、「きんきん」は、音そのものというよりも、それを聴きとるほうの感覚に重点が置かれた表現になっていた。ということは、「どきどき」とか「いらいら」のような擬態語のレベルなのである。ところが、「毎索」のほうには、

(9) たおやかな伝統音楽の香りの中に、泥臭さもにおうカンボジア語のロックを、青年団風のバンドが奏でる。スピーカーが時折、キンキンと割れた音を立てる。
（森の人々 ポル・ポト派支配区を行く4、一九九三年七月三〇日 東京夕刊）

(10) 背後から忍び寄って来るならず者。「何やつ」。刀を抜いて、キン、キンキン。崩れ落ちる相手を背にし、くっと血を振った刀をカチリと納める……。
（動きたい：ひと汗いかが 殺陣 日本殺陣道協会、二〇〇九年七月二一日 大阪夕刊）

のような例がある。これは、擬態語ではなく、出ている音そのものを映した擬音語である。このような意味で用いられていることをまず確認しておきたい。

「きんきん」の多様な意味

また、〈甲高く頭に響いてくる様子〉と〈とても冷えている様子〉の勢力関係を見ると、一九九二年から一九九九年では〈甲高〉と〈冷〉はほぼ同じぐらいなのに、二〇〇〇年以降になると、〈冷〉の意味のほうが〈甲高〉よりはるかに多くなり、「均衡」では、二〇〇〇年以降も〈甲高〉と〈冷〉がほぼ同じぐらいだったのとは異なる結果となっている。

〈甲高〉と〈冷〉それぞれの例を確認すると、まず、最も古い用例は、

(11)　全編これ悪口。それもＰＴＡのオバサマのような、まなじりを決してのキンキン声でないところがいい。

（［新刊］辞書がこんなに面白くていいかしら　西山里見とＱＱＱの会編述、一九九二年六月一六日　東京朝刊）

という例であり、意味は〈甲高〉で、実際には「きんきん声」の例である。評価的な意味は、マイナスである。また、〈冷〉の最も古い用例は、

(12)　ホワイトスピリッツは冷凍庫でキンキンに冷やすこと。味も良くなり、飲みやすくなる。

（演出するカクテル…戦後4度目のブーム　アットホームに楽しく、バーでゴージャスに、一九九六年一二月一二日　東京夕刊）

というものであり、対象は「ホワイトスピリッツ」すなわち酒である。また、「きんきんに冷える」ではなく「きんきんに冷やす」という言いかたであることも注目される。評価的な意味もプラスである。「均衡」の〈冷〉の最も古い例は一九九二年であったから、『毎日新聞』のほうが若干遅れていることもわかる（けれども、さきにも述べたように、新聞は新しい用法にすぐ飛びついたりはしないであろうから、小説などよりも遅れていたとしても、それは納得できることである）。さらに、〈冷〉のビールの例として最も古い例は、

(13)　暑い日が続きます。一日の終わりに恋しくなるのはキンキンに冷えたビール。

（［食のふるさと］おしながき　沼田の枝豆　難品種で真の風味―群馬、

（一九九八年七月二七日　東京朝刊）

である。ちなみに、「きんきん」の〈冷〉となる対象の内訳を見ると、

一九九二〜九九年　ビール2　ジョッキ2　冷房　酒
二〇〇〇年以降　ビール8　酒5　アイス2　アイスコーヒー　気温　グラス
グラスとビール2　室温　室内　信頼　スイカ　卵豆腐　手
トマト　飲み物　ビール　レモンティー　具体的表示なし3

となっている。「ビール」が最も多いことは、やはり、「きんきんに冷えた〜」の典型例は「ビール」であるということの例証となろうが、二〇〇〇年以降に〈冷〉の「きんきん」が一般的になるにつれて、さまざまなものに対して用いられたさまがうかがえる。なかに、「信頼」の例が目をひくが、

(14)　情報化時代に「さくさく」縦横に伝わる言葉もなかったか、JR北海道。それこそ「きんきんに冷えた」信頼、北の鉄路。切り開き、守ってきた人々の慨嘆が。

（近事片々：かの枕草子の清少納言も嘆いた言葉の乱れ…、二〇一三年九月二五日　東京夕刊）

という例であり、「冷える」を介在させながら、「信頼関係が冷え切った」ことを表現したものとなっている。なお、「きんきん」の〈とても冷えている様子〉という意味は、関西発なのかと前に述べたのだが、新聞記事の分布から見るかぎりでは、特に関西発であるという証拠は出てこない。

また、〈ひどく痛む様子〉と解される「きんきん」の例は、

(15) 腰部脊柱管狭窄症は、〔中略〕前かがみになったり椅子に座ると痛みが軽減するなど姿勢で症状が変わり、片方のふくらはぎの後ろがキンキンするように痛むのが特徴。
（市民公開講座：「生活習慣病を自分で防ぐ」二〇〇五年三月一八日　大阪朝刊）

というものであり、これを〈鋭く響いてくるような痛み〉と解せば、〈甲高〉の一変形と見ることができるかもしれない。また、〈輝いている様子〉の例は、

(16) 人間でも、外車を乗り回し、動く宝石屋みたいにキンキンギラギラの人物はちょっとアブナイ感じがして、やあ、一献（いっこん）と誘われても、つい、しり込みしたくなる。
（「ニセモノ図鑑」18、一九九三年三月一七日　東京夕刊）

といった例である。

『毎日新聞』データベースからわかる「きんきん」の意味の推移を整理すると、次のようになる。

- 当初は〈甲高くて頭に響いてくる様子〉のほうが〈とても冷えている様子〉よりも若干優勢であったが、二〇〇〇年代になると、〈冷〉のほうがかなり優勢になる。
- 〈ひどく痛む様子〉ならびに〈輝いている様子〉を意味する「きんきん」が少数ながら観察される。

「きんきんの」源流

近年における「きんきん」の意味の推移を確認したところで、そもそもこのオノマトペがいつ頃から文献に現れるのかということについても確認しておこう。『日本国語大辞典』第二版（以下、「日国第二版」）によれば、「きんきん」は、室町時代の日記である『看聞御記』に見られる。

(17) 石阿付手鞠。以三付之。〈件手鞠石云々〉茶垸呉器手鞠取合付、其打合声キン〳〵ト鳴。
（永享八（一四三六）年正月二八日）

これは、石阿という手鞠をつく名人が、茶垸（茶碗）・呉器（高麗茶碗）と手鞠の三つを取り合わせてついたところ（ジャグリングのような手技なのであろう）、それらが打ち合う音が「きんきん」としたということであり、〈甲高く響いてくる音〉を表わしている。これは、前述の「毎索」のなかの(9)(10)と同じ意味である。すなわち、表2-2のなかで最も古い層を示しているのは、この〈甲高く響いてくる音〉だったのである。

ということは、「きんきん」の源流は、擬音語であり、それが擬態語へと転じてきたわけである。擬音語が擬態語へと変化するという意味パターンについては、ほかにも、「からから　がらがら」「かん　かあん　がん　があん」「きりきり　ぎりぎり」「はたはた　ばたばた　ぱたぱた」などを挙げることができる。

さて、室町時代に「きんきん」があることは確認できたが、実は、その次の例がなかなか見つからない。「日国第二版」が掲げる例は、近代の例になってしまう。各種データベースを利用しても、確かに、ほかに室町・江戸時代の例は見つからない。

しかし、それでは、いったんなくなったのかというと、そうではなく、話し言葉の世界では存在した「きんきん」が、たまたま文献には取りあげられなかったと見るのが妥当であろう。

「きんきん」〈に冷えたビールへ〉の変化過程

最後に、「きんきん」は、〈甲高く響いてくる音〉から、どのような経緯で〈とても冷えている様子〉へと変わってきたのであろうか。その際、近代に見られる、次のような例が参考になるのではないか。

(18)「おや。ハンケチを見なかったかい。困っちゃうな、滅多に改った風なんかしないもんだから……お前はもうそれでいいの？」彼女の気の立った早口は、若いのぶ子に妙な極り悪さを感じさせたほど、きんきん静かな家中に響き渡った。
（宮本百合子『黄昏』、一九二二年）

この文章で、「きんきん」と〈甲高く響き渡る〉声は、「妙な極り悪さ」を感じさせて、〈緊

〈甲高く響いている音〉(17)：擬音語
↓
〈甲高く響いている声〉(18) ⟶「きんきん声」:「きんきん」の部分の擬態語化
↓
[強く張りつめた緊張感]：介在 ⟶〈ひどく痛む様子〉(15)
↓
〈(冷たく)固く張りつめている様子〉(5)
↓
〈固く張りつめるほど冷たい様子〉(8)：意味の中心の移動
=
〈とても冷たい様子〉(6)

図 2-1 「きんきん」の意味変化過程図

張感〉を生んでいるのである。この「きんきん」の張りつめた感覚は、(5)で見たような〈きわめて固い様子〉とも結びつく。その際、実際は一九四五年の例であった(5)の例が、「凍りついて」いることで「きんきん」に固いことも興味を引く。すなわち、「きんきん」の〈とても冷えている様子〉は、上の図2-1のような過程を経て生まれたものではないかと考えられる。

この変化のポイントは、〈(冷たく)固く張りつめている様子〉では意味の中心が〈固さ〉にあったのに対して、〈固く張りつめるほど冷たい様子〉になると、〈冷たさ〉のほうに意味の中心が移動したことである。そこからさらに、〈固さ〉という条件もなくなったものが、〈とても冷たい様子〉ということになる。

「きんきん」の意味変化過程について、文献に基づきながら図2-1のような筋道を考えてみたのではあるが、実は、もう一つの筋道もあるのではないかとも考えている。

「きんきんに冷えたビール」という言いかたが、一九九〇年あたりに生まれていたことは、「均衡」や「毎索」の調査によって裏付けられたが、これは、筆者の実感とも合う。この時期に、たしかに聞き始めた記憶がある。けれども、「きんきんに冷えたビール」についての感覚は、かなり異なる。

当時の「きんきんに冷えたビール」について抱いた感覚は、「頭がきんきんするほど冷えたビール」だったのである。例えば、かき氷を休みなく食べていると、だんだん頭がキーンとなるような感覚におそわれるが、あれと同じで、「きんきんに冷えたビール」とは、とても冷えたビールで、飲んでいると冷たさのあまり頭がきんきんしてくるほどのものだ、というような意味合いで理解していたのである（ちなみに、「きんきんビール」という言いかたもしたの記憶があるが、これは今でも使われているようである）。さらに、そのような理解は、個人的なものかと思ってもいたが、大橋正房他『「おいしい」感覚と言葉』（ＢＭＦＴ出版部、二〇一〇年）にも、

頭が痛くなるほどの冷たさには、「キンキン」の他に「きーん」を用いることもある。（同書、一〇二頁）

とあるので、まったく個人的な考えというものでもなさそうである。あるいは、このような二筋の道があいまって形成されたものが、「きんきん」の〈とても冷たい様子〉という意味なのかもしれない。

以上、「きんきん」を例として、最近の意味変化の状況ならびに、その源流、そして、意味変化の過程を推定してみた。「きんきん」の基本要素である「きん」は、例えば、同じ小さな音や感覚を表わす「こと」が、「ことり」「ことん」「ことっ」「こっとん」「ことこと」のように活用可能なのに、せいぜい「きんっ」と促音を加えるか、今回の「きんきん」のように繰り返すかぐらいにしか活用できない。これは、「きん」がすでに末尾に撥音《はつおん》「ん」を持っていることも関係しよう。そういう意味では、使い勝手が若干よくなかったにもかかわらず、意味的にさまざまな用法を持ち、さらに近年、〈とても冷たい様子〉という新たな意味まで生じさせたことは興味深い。

さらに、「きんきん」の濁音形である「ぎんぎん」なども視野に入れて、意味の広がりや異同を見出していくことも興味深いであろう。

参考文献

小野正弘『感じる言葉 オノマトペ』角川学芸出版、二〇一五年。

小野正弘「オノマトペの意味変化」『日本語学』三四-一一、二〇一五年。

◆コラム 俳句とオノマトペ

俳句とオノマトペは相性がいい。松尾芭蕉、与謝蕪村、小林一茶の昔から現代俳句にいたるまで用いられ続けている。ただし、大量に用いられているかというと、そうではなく、芭蕉で一パーセント(二〇一六句中)、蕪村で二パーセント弱(九五三句中)、一茶で七パーセント(六八一句中)ほどである。

芭蕉の「びいと啼く尻声悲し夜の鹿」における鹿の鳴き声「びい」は、芭蕉が案出した可能性の高いオノマトペである(ちなみに、後年、夏目漱石は「ひいと鳴いて岩を下りるや鹿の尻」という句を詠んだが、これは芭蕉へのオマージュであろう)。むやみに使いはしないが、使えば強力な効果を発揮するのが芭蕉の句のオノマトペの特徴といえる。また、芭蕉には「閑さや岩にしみ入る蟬の声」(ミーンミーン)、「蚤虱《のみしらみ》馬の尿する枕もと」(ジャー)、「古池や蛙《かはづ》飛び込む水の音」(ポチャン)のような、背景にオノマトペがあるはずなのに、句の言葉としては表われてこないものがある。とはいえ、括弧に入れたオノマトペが句中にあったらぶちこわしであろうが。

また、芭蕉は(蕪村も)、ある句に用いられたオノマトペは一回しか使われないという特徴もある。一方、一茶は、「こそこそ」「こそり」、「はらはら」「はらりはらり」、「ふわふわ」「ふわり」のように、同じオノマトペの要素を使いながらも、微妙な変化を付けていることが指摘できる。

その後、近代に入って、正岡子規や漱石になると、「ほろほろと朝雨こぼす土用かな」「ほろほろとぬかごこぼるる垣根かな」(子規)、「さらさらと栗の落葉や鵙《もず》の声」「さらさらと護謨《ごむ》の合羽《かっぱ》に秋の雨」(漱石)のように、同じオノマトペを繰り返して使うことに抵抗はなかったようである。

3　オノマトペにも方言があるの？

竹田晃子

方言のオノマトペ

グラグラ、サラ／ザラ、メソメソと言われたらどんな意味だと思うだろうか。標準語（共通語）ではそれぞれ、位置が安定しない様子、軽快に流れる様子や粗い触感、泣きべそをかく様子を表す。しかし、語形は標準語と同じオノマトペでも、方言では意味が異なる場合がある。

グラグラは、九州地方の方言では、激怒するさまを表す。「もー、たいがいグラグラこいたばい。（もういいかげん頭にきたよ）」（福岡・佐賀・大分）

サラやザラは、東北地方の方言では、寒気や悪寒《おかん》が起こるさまを表す。「赤子がカミソリをもてあそんでいたのでサラッとした。（赤ん坊がカミソリをもてあそんでいたので寒気がした）」「ザラッとしたと思ったら風邪だった。（寒気がしたと思ったら風邪だった）」（岩手・宮城）

メソメソは、中部地方の方言では、日暮れ時や日が暮れるさまを表す。「メソメソまで畑の草をとっていた。（日暮れまで畑の草を取っていた）」「メソメソしてきたんて家に帰らざー。（日が暮れてきたので家に帰ろう）」（長野・静岡）

一方で、方言には独特の形もある。チリタリツリタリ（液体が少しずつ垂れ落ちるさま：岩手）、ゾンゾン（寒気のするさま：中国・四国・九州地方）、オンボラー（のんびりしたさま：北陸地方）、ニシニシ（腹が痛むさま：四国地方）、チンガラッ（陶器が割れる音やその破片：四国・九州地方）、ゾップイ（ずぶ濡れになるさま：南九州地方）、ソーソー（液体が流れるさま：沖縄地方）などは、標準語にはない語形である。

方言で使われるオノマトペの形態的特徴を分析すると、メソメソやニシニシのようなＡＢＡＢの繰り返し型が多く、次に語末にリ（イ）／ラ／促音／撥音《はつおん》／長音が付く語形が多い。たとえば、コンミリ（しんみりと感じるさま：東北地方）、ガッツイ（ぴったり：鹿児島）、ワラワラ（急いで動くさま：東北地方・神奈川・山梨・静岡）、ヒョカッ（急に動くさま：佐賀）、コソン（会話を立ち聞きするさま：愛知）、グェーグェー（衣類がひどく汚れているさま：沖縄）などである。パンカラパンカラパンカラ（杵で空の臼の底を叩く音：茨城）やタラタラタラタラタラ（汗が流れるさま：石川）のように、繰り返しが三～四回の語形も観察される。オノマトペの末尾に、イウ／スルや、コク／メク／メカス／ツクやズー／ポイ／シー／ナイなどの動詞・接辞を付けて、動詞・形容詞の一種を作ることもある（表3-1）。

このような特徴は標準語にもあるが、その有無や生産性（仕組みを適用する範囲）には地域差、

表 3-1 方言オノマトペに付く動詞・接尾辞

動詞型活用の接尾辞	イウ／ユウ	スッペラコッペラ-ユウ（くどくどと言い訳をする：愛媛），ホーホー-ユウ（大いに喜ぶ：広島）
	スル	ウスウス-スル（することもなくうろつく：茨城・栃木），ウザウザ-スル（悪寒をおぼえる：東京・神奈川）
	コク	ウロ-コク（うろたえる：岐阜），グラグラ-コク（立腹する：九州北部）
	メク／メカス	ユキ-メグ（頼りなく揺れ動く：岩手・秋田），ノノ-メグ（大勢の人が動き回る：岩手・秋田），ベラ-メガス（よくしゃべる：青森・岩手）
	ツク	ウザ-ツク（寒気がする：千葉），ジカ-ツク（切り傷が痛む：岐阜），ゾミ-ツク（肌寒い：岐阜）
形容詞型活用の接尾辞	ズー／ジー／デァ	パンガパンガ-ズ（においがする：青森・岩手），パヤパヤ-ジー（毛が細く薄い：秋田），マグマグ-デァ（めまいがする：秋田・山形）
	ポイ／ポエ	ウザッ-ポイ（湿っている：栃木），ワニッ-ポイ（恥ずかしがる：山梨），セセラ-ポエ（喉がぜいぜいする：宮城）
	シー	カアカア-シー（飢えて物を食べたがる：山梨），ソゲソゲ-シー（よそよそしい：香川）
	ナイ／ネァ／ネー	カチャクチャ-ネァ（気分が晴れない：青森・秋田），モチャクチャ-ネー（だらしがない：秋田・山形）

つまり方言による違いがある。具体的には、繰り返しの型や引用の助詞／接尾辞の種類や有無が異なる。ＡＢＡＢ型だけでなく、ポリカリ（鳥が穀物を食べる音：岩手）のようなＡＢＣＢ型や、グイラ／ゴイラ／ボイラ（出来事が急に起こるさま：東北・北関東地方）・トンボラ（まばらなさま：大分県）のようにラで終わる型、「ガー走る」のように引用のトを省略して使われるものが、標準語より多く観察される。オノマトペ専用の接尾辞を発達させている方言や、そのような仕組みがない方言もある。

方言のオノマトペは標準語より多様で数も多い。この章では、特に動物の呼び名にかかわるオノマトペの方言をみてみよう。

雀の鳴き声

近年の研究では、鳥の鳴き声にも言語としての特徴があり、地域差(つまり鳴き声の方言)もあるという報告があるが、ここでは、日本語の諸方言で雀《すずめ》の鳴き声をどのようなオノマトペで表すのか紹介する。また、ここではいわゆる地鳴き(繁殖期以外の鳴き声)のオノマトペを扱う。繁殖期の鳴き声はやや複雑で、例えば鶯《うぐいす》ではホーホケキョ(法華経)、不如帰《ほととぎす》ではテッペンカケタカ(天辺欠けたか)など、鳴き声を意味のある表現に置き換えたいわゆる「聞きなし」にあたるものが多い。

雀の鳴き声を日本語ではどのように表現するだろうか。雀というと、童謡『雀の学校』(作詞：清水かつら(東京深川生まれ)・大正一〇(一九二一)年発表)の歌詞に、「チイチイパッパ　チイパッパ」とある。このチイチイやチイは、雀あるいは子雀の鳴き声であるとされてきた(パッパは雀の羽ばたき音のオノマトペとされている)。しかし、チーチーとは言わないのでは？と思ったことのある人もいるのではないだろうか。

全国の方言を一九六〇年頃に調査した『日本言語地図』(国立国語研究所)(1)には、雀の鳴き声のオノマトペについて、「この鳥(雀の絵)の鳴き声を表すのに何と言いますか。」という質問項目があり、一八九七地点の回答データがある。全国で、チュ類(チュチュ／チューチュー／チュッチュッ／チュンチュンなど)、チ類(チチ／チーチー／チンチン／チッチッなど)、ツ類(ツーツー／ツンツン／ツリンツリンなど）の語形が回答されている。

意外かもしれないが、最も多い語形はチューチュー（約六六〇地点）で、第二位はチュンチュン（約四二〇地点）、第三位はチーチー（約九〇地点）である。ただし、地域差がある。

図3-1に、『日本言語地図』のデータからチュ類を抜き出して、簡略化した方言地図を作成した。「方言地図」とは、どこでどのような語形が使われているかを地図上に示した図である。これを見ると、チュンチュンは、主に東北地方の日本海側と近畿・中国地方に分布している。近畿・中国地方の分布域を囲むように、東北地方の太平洋側・関東・中部地方と、四国・九州地方にはチューチューが分布している。

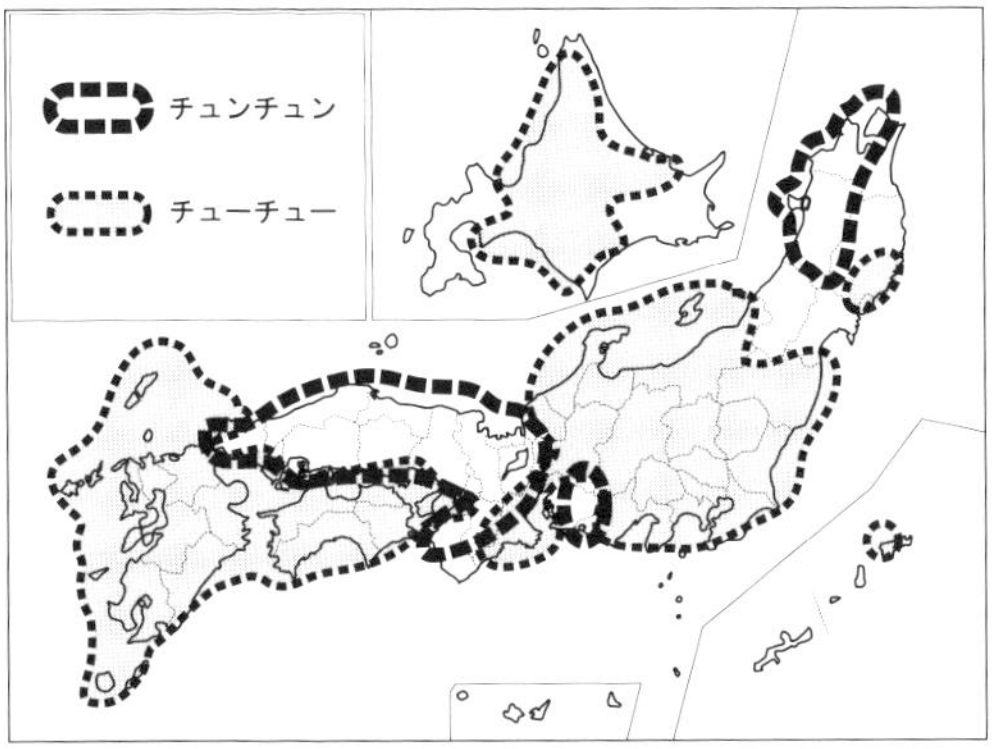

図3-1　雀の鳴き声：チュ類

なぜ、このような地域差ができたのだろうか。方言の成立にはさまざまな事情が考えられるが、雀の鳴き声の分布はいわゆる「周圏的分布」と考えられそうである。

周圏的分布とは、柳田国男がカタツムリの方言分布を取り上げた『蝸牛考《かぎゅうこう》』（一九三〇年）の中で提唱した「方言周圏論」にもとづく考え方である。文化・

経済・政治の中心地で発生した語がその周辺部へ伝播《でんぱ》していくことによって、中央には新しい語が分布し、周辺部には中央から離れるほどより古い語が分布する。その分布型を「周圏的分布」と呼ぶ。

京都は、過去千年以上にわたって日本の中心地であった。図3-1の分布を周圏的分布として解釈すると、周辺部に多く分布するチューチューが古く、京都を含む近畿地方のチュンチュンが新しいということになる。

図では省略したが、チ類は東日本を中心に分布しており、特にチーチーはほとんどが関東地方にまとまっている。チーチーは、東日本方言の特徴が反映され、チューチューが直音化して発音されたものと考えられる。直音化には、例えば「注射」を、関東方言ではチーシャ、東北方言ではツーサなどと発音する例がある。また、東北地方の太平洋側にはツーツーなどツ類が回答されているが、この地域では母音のウ段母音とイ段母音がよく似た音で発音される。チ類とツ類をチュ類の変異と考えると、チューチュー類はより広い分布域を持つことになる。

実際の音を模したオノマトペについては、中央からの伝播ではなく、全国各地で個別に成立したという考え方もある。しかし、図3-1のような分布が確認できることを考えると、中央で成立した語形が全国に広まった可能性が高いと思われる。

ところで、現代標準語でチューチューと鳴く動物と言えば鼠《ねずみ》であるが、このチューチューとの同音衝突(発音で語の区別ができない現象)を避けて、雀の鳴き声がチュンチュンになったという可能性もある。鼠の鳴き声との関係については今後の調査が必要である。

べーべーと鳴く動物

二〜三歳の子どもだった頃、ワンワン、ニャンニャンなどと犬や猫を呼んだことがあるだろう。これらの語は、現代標準語では、動物の鳴き声のオノマトペからできた幼児語である。これらのオノマトペには、ワンやニャンなどのような要素が二回繰り返されている。この繰り返しを一回に短縮した語形の末尾にコを付けて、ワンコー(犬)、ニャンコー(猫)と呼ぶこともある。コは指《し》小辞《しょうじ》と呼ばれる接辞で、比較的小さなものを表す名詞に付いて愛称を作る。

では、ベコと呼ばれる動物は何だろう。ワンコやニャンコと同じ仕組みでできた語形だとすると、べべ／べーべーと鳴く小さめの動物ということになる。

図3-2・図3-3は、『日本言語地図』のデータから、牛と子牛の鳴き声と名称の回答の一部(図の凡例にあたる語)を抜き出して方言地図にしたものである。鳴き声については、「牛の鳴き声を言い表すのに何と言いますか。子牛の鳴き声を何と言いますか。」という質問に対する二三〇〇地点(無回答を除く)の回答で、図では大半を省略したが、データを見ると次のようなことがわかる。

牛一般の鳴き声で最も多い回答はモ類(モー／モーモーなど：約一九一〇地点)で、次に多い

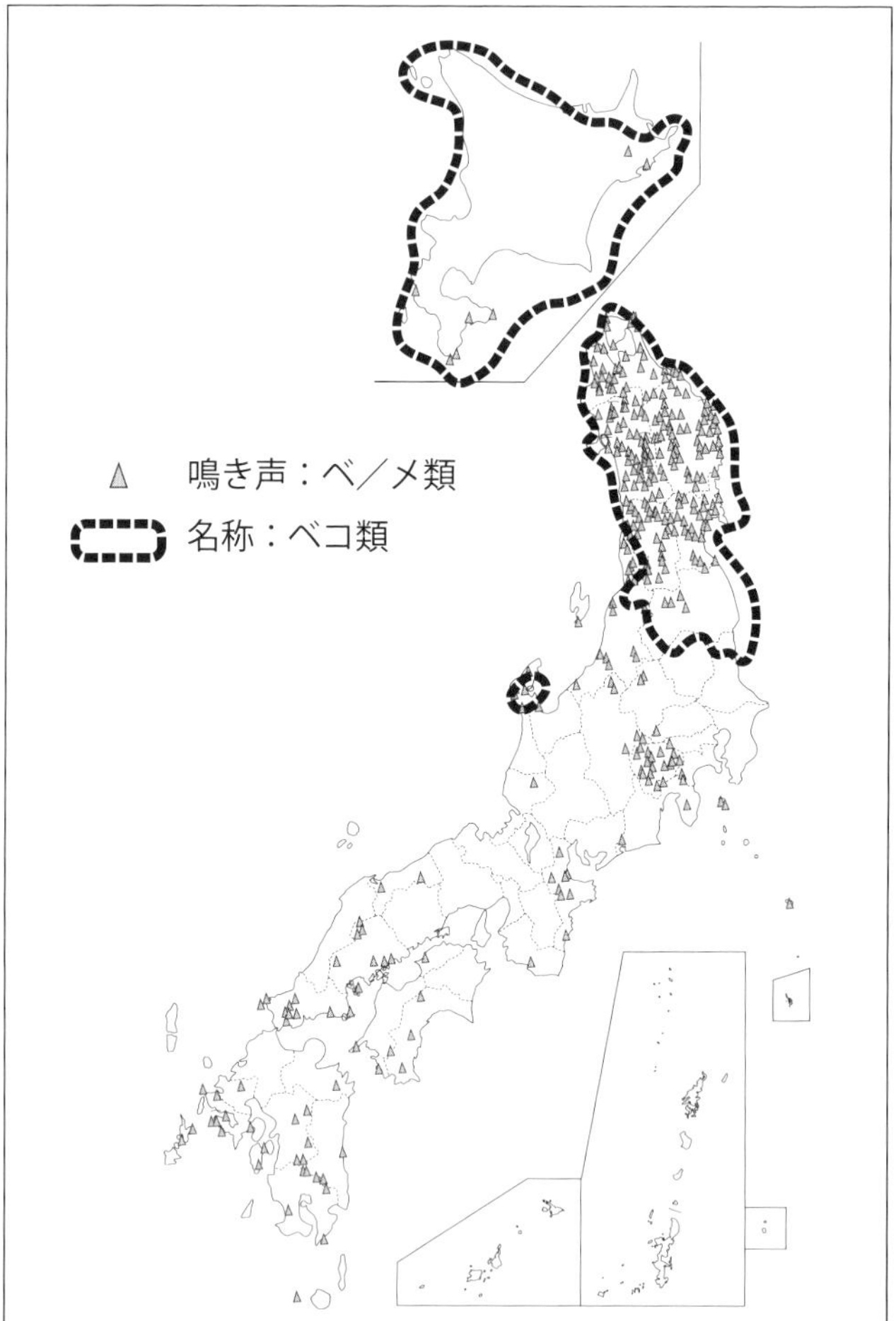

図 3-2　牛一般の鳴き声と名称(『日本言語地図』5-206 うし(牛)・5-210 もうもう(牛の鳴き声)の回答データから抜粋)

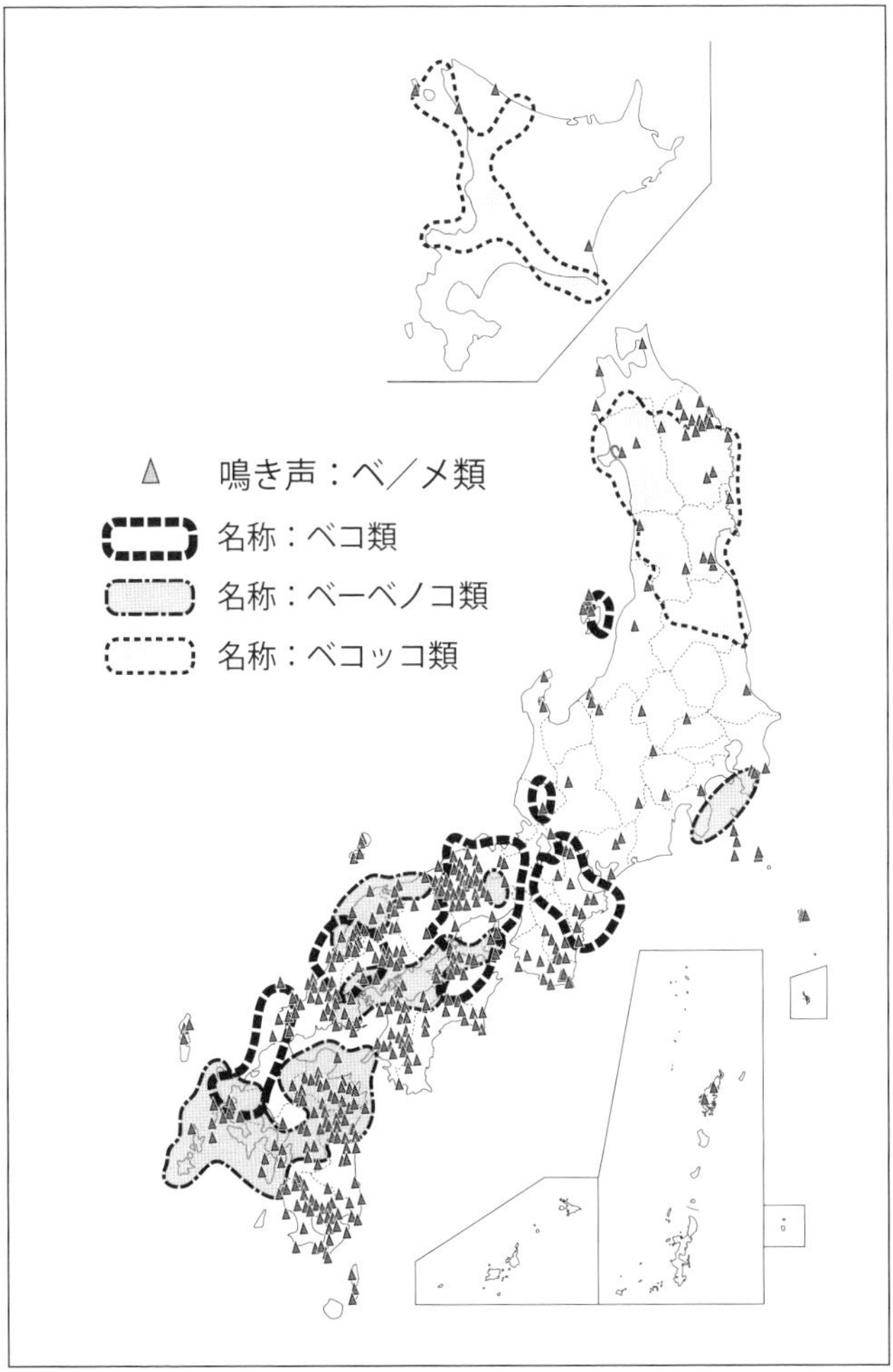

図 3-3　子牛の鳴き声と名称(『日本言語地図』5-209 こうし(子牛)・5-210 もうもう(牛の鳴き声)の回答データから抜粋)

のはメ類（メー／メーメーなど：約二八〇地点）である。メ類は比較的まとまって東北・中部・九州西部に分布しており、その中にベ類（ベー／ベーベーなど：約五〇地点）が点在している。ほかに、ボ類（ボー／ボーボーなど：約五〇地点）が中部地方に回答されている。

子牛の鳴き声については無回答や未調査の地点も多いが、最も多い回答はメ類（約三六〇地点）である。ほかにベ類（約一〇地点）とモ類（約一〇地点）も回答された。メ類は西日本全体にまとまって分布し、ベ類は中国・九州地方のメ類の分布域内に点在する。

以上のことから、メ類とベ類は、牛一般と子牛のいずれの鳴き声においても分布域がほぼ重なっているため、同系統と考えられる。

牛一般と子牛の鳴き声に異なる語形を回答した地点の大半が、牛一般にモ類、子牛にベ類／メ類を回答している。この区別は西日本に多く、東日本ではほとんど区別しない。また、ボ類は、中部地方で牛一般の鳴き声で回答されたが、子牛の鳴き声には回答されなかった。

オ段音は、口の奥を広げて発音するが、エ段音は、オ段音に比べると口の中を狭めて発音する。母音を響かせる口の中の空間の大小を、おとなの牛の鳴き声は広いオ段母音、子どもの鳴き声はそれよりも狭いエ段母音のオノマトペに反映させた可能性がある。

ベコの地域差

では、鳴き声ではなく動物そのものの名称はどうだろうか。

『日本言語地図』には、牛一般と子牛の名称についての調査結果がある。牛一般は「こういう動物(おとなの牛の絵)を何と言いますか。」(二四〇〇地点)、子牛は「ことし生まれたばかりのこどもの牛を何と言いますか。」(二三三五地点)という質問文で調査が行われた。回答には、牛一般の名称はウシ、子牛の名称ではコウシの類が最も多い。牛一般にウシ類と他の方言語形の両方を回答した地点の注記欄をみると、ウシ類に「新しい語」、方言語形に「古い語」という付記が非常に多く、当時、標準語のウシ類が急速に浸透した様子がうかがえる。

次に多いのが「べ」で始まる語である。子牛では、鳴き声にも回答されたべーべーが、主に九州北部・中国・四国地方で回答されている(約九〇地点)。西日本では、べ／べーべに「コ／ノコ／コッコ」などの接辞類が付いた語形も多く回答されており、べコ(約一二〇地点)・べーべノコ類(約一五〇地点)・べーコ(約四〇地点)がある。東北地方には、「べコ」に接辞類が付いたべコッコ(約八〇地点)／コッコべコ(約一〇〇地点)が分布している。一方、牛一般では、べコが主に北海道・東北地方で回答されている(約三八〇地点)。

このうちべコについてみると、西日本では子牛を表すのに対して、北海道・東北地方ではおとなの牛を含む牛一般を表すことになる。なぜ地域によって意味が違うのだろうか。

図3-2には牛一般の鳴き声と名称の分布域、図3-3に子牛の鳴き声と名称の分布域を示した。鳴き声についてはべ類／メ類を回答した地点を三角の記号で示した。名称については「べ」で始まるべコ類、べーべノコ類、べコッコ類を抜き出し、分布域の外側を点線で囲っ

て示した。

図3-2の牛一般では、東北地方で、鳴き声のベ／メ類の分布域に名称のベコ類の分布域が重なっているが、西日本にはベコがない。図3-3の子牛では、西日本で鳴き声のベ／メ類の分布域に名称のベコ類やベーベノコ類の分布域が重なっているが、東北地方では鳴き声のベ／メ類がほとんど分布しておらず、ベコッコ類が分布している。この分布状況から、次のようなことが考えられる。

中央を含む西日本では、牛や子牛の鳴き声のオノマトペであるベーベーを子牛の名称として使うことがあり、ベーベやベに「の子」や指小辞コを付けたベーベノコやベコなどを子牛の名称として使い、子牛を牛一般と区別していた。このうちベコは東北地方にも伝わったが、おとなの牛と子牛を区別しない一般名称として使われるようになったと考えられる。

東北地方では身近な物を表す名詞、たとえば豆・お茶・本・家などを表す名詞にコを付けてマメッコ・オジャッコ・ホンコ・イエッコなどと言い、動物の子どもを表す名詞コ(子)にもコを付けてコッコなどと言う。ベコは、西日本では子牛を表し、牛一般と区別して使われていたが、ベコが東北地方に伝わったときには区別を失って牛一般を表すようになり、区別が必要なときにベコにコやコッコを付けたベコッコやコベコ／コッコベコなどの語を作って子牛を表していると考えられる。

鳴き声についても、東北地方を含む東日本では牛一般と子牛を区別しない。東日本では、鳴き声と名称の両方で、より単純な用法に変化させたとみることができる。

ベコがオノマトペに由来する場合、中央から東北地方に伝播したのではなく、日本各地で同時多発的にオノマトペから生じた可能性もある。しかし、いったん語形として成立すれば、それが伝播して一定の分布域を形成するということはあるだろう。

東北地方のベコが、東北地方において鳴き声を表すオノマトペから直接生まれた語形ではなく、中央から伝播した語形であると考えられる傍証《ぼうしょう》に、北海道の状況がある。北海道には明治以降に全国から多くの開拓者が移住したが、なかでも東北地方の出身者が多かった。北海道には、東北地方と違って鳴き声にベ/メ類がほとんど回答されていないが、牛一般の名称(図3-3)ではベコ類が広く分布している。子牛の名称について、北海道にはベコッコ類のほかに、ベコノコ/ベコノコッコが多く回答されており、牛の名称としてのベコが定着している様子がわかる。このことは、北海道のベコが鳴き声のオノマトペから生じた名称ではなく、牛一般を表す名称としてのベコが東北地方から伝播したものであることを示している。

チャコと呼ばれる動物

鳴き声以外のオノマトペから、動物の名称ができることもある。

動物を呼び寄せる時、「舌打ち音」を使ったことはあるだろうか。「舌打ち音」とは、口の中で舌を動かしながら空気を吸い込む音で、この音を出すことを「舌を鳴らす」と表現する

	県	山形県								宮城県													
	市町村	新庄市		※	最上町					大崎市							古川市				美里町		
	地点（駅）	新庄	南新庄	長沢	瀬見温泉	大堀	最上	赤倉温泉	堺田	中山平温泉	鳴子温泉	川渡温泉	池月	上野目	岩出山	西大崎	東大崎	西古川	塚目	古川	陸前谷地	北浦	小牛田
チャコ	高年層	✺	✺	✺	✺	✺	✺	✺	×	✺	×	×	×	×	×	×	●	×	×	×	×	×	×
	中年層	✺	✺	✺	×	✺	✺	✺	×	×	×	×	×	×	×	×	×	×	×	×	×	×	×
	若年層	×	×	×	×	−	×	×	×	×	×	✺	×	×	×	●	×	×	×	×	×	×	×
	少年層	×	●	×	×	✺	✺	×	×	×	×	×	×	×	×	×	−	×	×	×	×	−	×
タコ	高年層	×	×	×	×	×	×	×	×	✺	×	✺	✺	✺	×	✺	×	×	✺	×	✺	×	×
	中年層	×	×	×	×	×	×	×	×	✺	×	✺	✺	✺	×	✺	×	×	×	×	×	×	×
	若年層	×	×	×	×	−	×	×	×	×	×	✺	×	×	×	✺	×	✺	×	×	×	×	×
	少年層	×	×	✺	×	×	×	×	×	×	×	×	×	×	×	×	−	×	×	×	×	−	×

● 「猫」をチャコまたはタコと言う　　－ 回答なしまたは未調査　　※舟形町
× 「猫」をチャコまたはタコと言わない
✺ 「猫」をチャコまたはタコと言い、猫を呼ぶときに「チャコチャコ」または「タコタコ」と言う

図 3-4 「猫」の名称と呼び声：陸羽東線沿い（文献(2)の図を改変）

こともある。方言によっては苛立ちを表すときに使われることもある。

この舌打ち音からできたオノマトペが、呼び寄せるときの感動詞（間投詞）に指小辞コを付けた愛称で呼ばれる動物がいる。[2] 東北地方のチャコ（猫）である。

チャコは、次のような段階を経てできたと考えられる。まず、動物を呼び寄せるときの舌打ち音を模したチャッチャッというオノマトペが生じ、それが猫の呼び寄せ語になる。そして、チャッチャッの繰り返しを一回にしたチャに指小辞コを付けたチャコや、チャコが直音化したタコという語形が、「猫」を表す名称として使われるのである。

図３-４に、ＪＲ陸羽東線沿いで行われた方言調査（二〇一〇年）の結果を、地

点×年層別に示した。山形県側ではチャコ、宮城県側ではタコが回答されている様子がわかる。チャコは、飼い猫の名前になるほど東北地方で広く使われている。

グルーと呼ばれる動物

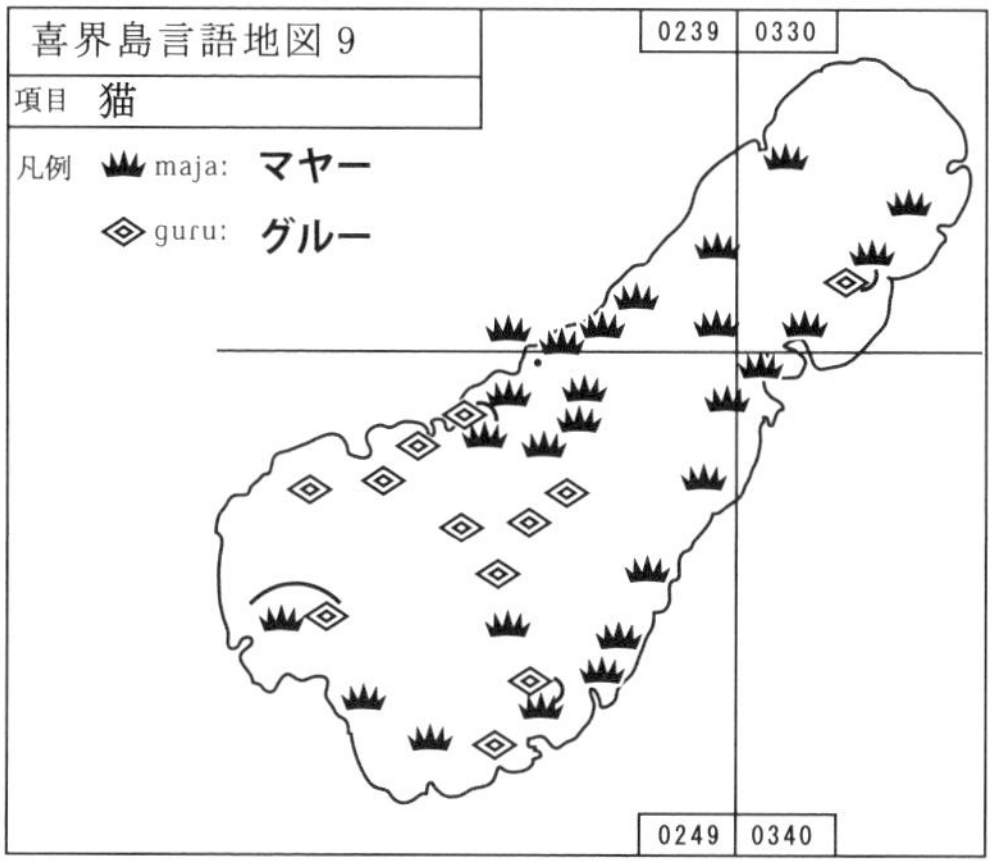

図3-5　「猫」を表す方言（鹿児島県喜界町）（文献(4)より）

猫が喉《のど》を鳴らす音から名称が生じる場合もある。図3-5を見てみよう。これは鹿児島県大島郡喜界町（喜界島）の方言地図で、「猫」を意味する語形の分布が示されている[3][4]。北東部でマヤー、南西部でグルーが使われているが、両方を使う地点もある。

このうちグルーという語は、次のような段階を経て成立したと考えられる。まず、猫が喉を鳴らす音を言語化したグルグルというオノマトペが生じる。このグルグルから、猫を呼び寄せるときに使う、呼び寄せ語「グルグル、グルグル」（手のひらを上にして指を屈伸させるしぐさとともに発声する）が生じる。そして、このグルグルの反復を一回にし、末尾を長音にしたグルーが、猫を表す語として使われる。

喜界島の方言では、この仕組みで繰り返し型のオノマトペから名詞を作る。[5] 他にも、「アドゥナアドゥナ」（のろのろ。動きが遅いさま）からできた「アドゥナー」（動きが遅い人）、「ヨーガリヨーガリ」（ひょろひょろ。頼りないさま）からできた「ヨーガリー」（痩せた人）などがある。

猫を表すグルーの具体的な使い方を、喜界島の中央部に位置する城久《ぐすく》の生え抜き話者に教えてもらった。グルーは猫の愛称のようなもので、正式な場ではマヤーと言う。ただし、グルーはおとなも使っており、幼児語というわけではない。オノマトペからできた動物の愛称は、標準語のニャンコやワンコが幼児語となるように、正式な場では使われないことが多い。喜界島では、鶏の愛称であるトゥートゥーは鳴き声に由来し、幼児語として使われている。マヤーとグルーについては、何のために二種類の語があるのだろうか。

実は、グルーには隠語としての役割がある。隠語とは、特定の仲間に伝えるために使う秘密のことばである。喜界島には鼠がいて、農作物や食料を食い荒らすため、退治するために猫を飼う家が多い。しかし、日常生活でマヤーという普通の語を使っていると、鼠が「ここにはマヤー（猫）がいる、危険だ！」と思って警戒してしまうので、もう一つのグルーを使うことで猫の存在を鼠から隠すのだという。鼠に悟られないように殺鼠剤《さっそざい》を特別な語で表現する習慣は、全国各地に散見される。喜界島では、オノマトペからできたグループがその役割をになっている点で興味深い。

引用文献

（1）国立国語研究所編『日本言語地図』全六巻、財務省印刷局、一九六六～一九七四年。
（2）小林隆「感動詞「猫の呼び声」」小林隆編『宮城県・山形県陸羽東線沿線地域方言の研究』東北大学方言研究室、二〇一一年。
（3）中本正智『図説　琉球語辞典』金鶏社、一九八一年。
（4）中本正智「喜界島方言の言語地理学的研究」『日本語研究』九、東京都立大学国語学研究室、一九八七年。
（5）竹田晃子「鹿児島県喜界町方言におけるオノマトペの語彙的特徴」木部暢子・窪薗晴夫・下地賀代子・ローレンス　ウエイン・松森晶子・竹田晃子『「消滅危機方言の調査・保存のための総合的研究」喜界島方言調査報告書』、国立国語研究所、二〇一一年。

4 外国語にもオノマトペはあるの？

秋田喜美

外国語にもオノマトペはある

「チュクーチュクー(cukuu-cukuu)」という言葉の意味を想像できるだろうか？ 答えは、「不正な方法で手に入れようとする様子」。西アフリカのナイジェリアなどで話されているハウサ語という言語のオノマトペだ。日本語なら「コソコソ」「コッソリ」「チャッカリ」辺りに相当しそうであるが、これらのオノマトペでは「不正な方法で」や「手に入れようとする」という情報までは表しきれない。

この例一つ取っても、「世界最大のオノマトペ言語は日本語である」というのが、日本語や英語しか見ていない人の思い込みであることは明らかである。オノマトペが豊富な言語は世界に散在している。その中には、日本語とよく似た例も多く見られる一方、「チュクーチュクー」のように日本語のオノマトペでは表せないような意味までカバーするものも少なくない。本章では、世界のオノマトペを見渡し、そこに潜むいくつかの法則を洗い出したい。

それにより、他章で扱っている日本語のオノマトペの特徴を、世界の大きな文脈の中でとらえ直すことができればと思う。

具体的には、まず、オノマトペが豊富とされる言語が地図上にどのように分布しているのかを概観する。その上で、世界の言語のオノマトペがどのような意味を表すのか、さらにどのような文法を持つのかを紹介する。最後に、各言語におけるオノマトペの役割や位置づけを比較することで、世界のオノマトペの大まかな全体像を描き出してみたい。

オノマトペはどこに多い？

オノマトペ（英語では mimetics, ideophones, expressives）がどのような言語に発達しやすいかについては、今はまだ「諸説あり」の段階である。研究が進んでいないのには、いくつかの原因がある。一つは、個別言語におけるオノマトペの記述が進んでいないことである。文法書や辞書が出版されている言語であっても、オノマトペは丸々とりこぼしているというケースも少なくない。もう一つは、オノマトペの定義の問題である。言語をこえて適用可能な一般的定義としては、「感覚イメージを描写する変わった音形を持つ単語」のような抽象的なものしか存在せず、それ自体が議論を呼んでいる状況である。そのため、各言語でどれをオノマトペとしてどれをオノマトペとしないかについては、一筋縄ではいかない。他にも、日本語なら「カラカラ」と「カランカラン」を別に数えるかどうかで数が変わってしまう、というような言語内部の事情がある。

こうした但し書きを踏まえた上で、文献を頼りにいくつかの言語のオノマトペ数をリストしてみると表4-1のようになる。さらに、「オノマトペが豊富」と報告されている言語を世界地図に示してみたのが図4-1である。この図から明らかなように、オノマトペが豊富な言語はほとんどの大陸に存在している。北アメリカにもいくらかの報告はあるため、今後、文字通り世界中に点が打たれる可能性がある。特に国際的に認知されているのは、日本語・韓国語のほか、西・南アフリカや東南アジア、さらにアマゾンの言語である。

オノマトペが多い言語の特徴は？

では、オノマトペが豊富な言語にはどのような共通点があるだろうか？　これに関しては、言語外要因と言語内要因の両方が提唱されている。言語外要因に基づく一つの仮説は、「オノマトペは未開・未発展の地域に多い」というものである。「オノマトペ＝幼稚」という偏見にもつながってしまう仮説ではあるが、いくらかは受け入れられている。実際、私たちが外国語として習う英語、ドイツ語、フランス語、スペイン語、イタリア語といったヨーロッパの「都会言語」や中国語などでは、それほどオノマトペが発達していないとされている。また、南アフリカのズールー語のように、近代化によりオノマトペが衰退したという言語の報告もあり、まんざら空論と退けることもできない。

表 4-1　世界の言語のオノマトペ数

言　語	系　統	使用地域	オノマトペの概数
タミル語	ドラヴィダ語族	南インド	無制限
ヨルバ語	ニジェール＝コンゴ語族	西アフリカ	無制限
イグボ語	ニジェール＝コンゴ語族	西アフリカ	無制限
イジョー語コロクマ方言	ニジェール＝コンゴ語族	西アフリカ	語彙の 20％
朝鮮・韓国語	孤立	朝鮮半島	5000 語以上
グベヤ語	ニジェール＝コンゴ語族	アフリカ中部	5000 語以下
バスク語	孤立	バスク地方	5000 語
ズールー語	ニジェール＝コンゴ語族	南アフリカ	3000 語
日本語	孤立	日本	2000 語以上
英語	印欧語族	英米など	数百語
イル＝ヨロント語	パマ＝ニュンガン語族	北オーストラリア	90 語以上
テムネ語	ニジェール＝コンゴ語族	西アフリカ	50 語以上
スワヒリ語	ニジェール＝コンゴ語族	東アフリカ	少数
フラ語	ニジェール＝コンゴ語族	西アフリカ	少数

図 4-1　オノマトペ地図(「？」はオノマトペの豊富さに疑問が残る言語)

未発展地域仮説をとった場合に大きな問題となるのが、日本語と韓国語の存在である。日本も韓国も紛れもない先進国であるにもかかわらず、極めてオノマトペに富んでいる。この問題に対しては、「オノマトペはアニミズム文化に多い」という別の言語外仮説が持ち出される。声を出さないはずの、星や花にまで生命を見出すことで「キラキラ」や「ヒラヒラ」という「声」を聞くという説である。アニミズム説は、同じくアニミズム文化を有するアマゾンのケチュア語などにも成り立つとされる。

一方で、言語的な要因も考えられる。その一つは、後ほど見るオノマトペの品詞的特徴である。オノマトペが主に動詞である英語のような言語(例:The cat meowed)よりも、オノマトペが主に副詞である日本語のような言語(例:猫がニャーと鳴いた)のほうがオノマトペに富むとする仮説である。他にも、オノマトペは、日本語のように動詞が文の最後に来る言語や、母音の種類が少ない言語に多いとされることもあるが、まだまだ検証が進んでいない。

以上のように、どういった特徴の言語がオノマトペを発達させるのかについては、不明な点が多い。ただ一つ気に留めておきたいのは、オノマトペは世界中に存在しているという点である。その意味で日本語は特別ではない。では、世界に散在するオノマトペには、言語間でどのような共通点と相違点があるのだろうか? 以下では、意味、品詞、役割の三点からこの問いに答えていく。

オノマトペの得意分野

オノマトペが表しやすい意味と表しにくい意味があるとすれば何だろうか？　この疑問に答えるのに手っ取り早い方法は、世界のオノマトペの守備範囲を調べることである。とはいえ、調べる前から多少の予測は可能である。オノマトペは言語音を用いて物事を真似る言葉である。つまり、音で真似やすい概念は表しやすいだろうし、真似にくい概念は表しにくいだろう。では、それぞれどのような概念が該当するだろう？

オノマトペで真似やすい概念を並べると次のようになる。レベルが高い（＝数字が大きい）概念ほどオノマトペでは表しにくくなる。伝統的な日本語オノマトペの分類名を括弧内に添える。

レベル1：声・音　（擬声語・擬音語）
レベル2：動き・形・模様・手触り　（擬態語）
レベル3：身体感覚・感情・味・匂い・色　（擬情語・擬態語）
レベル4：論理的関係

音で真似やすい概念の第一位は、期待通り音声である。音声を表すオノマトペは、ほとんどの音声言語に存在するようである。中でも、おそらく声のほうが音よりも真似やすいのは、音声言語が私たちの「声」であることによる。少し例を挙げておこう。まずは犬の声を写すオノマトペである。使われる音や語形がどこか似ていることも特筆に値しよう。

「ワンワン」(レベル1)

韓国語　モンモン(멍멍)
インドネシア語　ググク(guk guk)
バスク語　サゥンクサゥンク(zaunk zaunk)
英語　バウワウ(bowwow)
アラビア語　ハウハウ(haw haw)
ロシア語　ガフガフ(гав гав)

次は水などを飲み込む音である。

「ゴクッ／ゴクゴク」(レベル1)

韓国語　クルカック(꿀꺽)
タイ語　ウックウック(อึกอึก)
バスク語　グルカ(gurka)
英語　ガルプ(gulp)
ドイツ語　シュルック(schluck)
イタリア語　グルー(glu)

問題はそれ以降である。非聴覚的な概念のうち「動き・形・模様・手触り」が音で真似やすいのはなぜだろうか？　まずは、例を見てみよう。

歩き方・走り方のオノマトペ（レベル2）

バスク語　　ティピタパ（tipi-tapa）（トコトコ）

ヨルバ語　　キティキティ（kiti-kiti）（パタパタ）

エマイ語　　ニェニェニェ（nyenyenye）（ダーッ）

イル＝ヨロント語　　ウールウールウール（wurl wurl wurl）（動揺して水から走り出る様）

形のオノマトペ（レベル2）

バスク語　　シンゴラミンゴラ（xingola-mingola）（ジグザグ）

ラフ語　　ホリテリ（hɔ-li-thɛ-li）（ジグザグ）

エウェ語　　ノゴー（nogoo）（丸）

ビニ語　　ティギティギティギ（tighi-tighi-tighi）（ねじれた）

ヨルバ語　　ロゴド（rogodo）（大きくて芋のように丸い）

手触りのオノマトペ（レベル2）

バスク語　　タケク（takek）（ザラザラ）

ハウサ語　　リップリップ（lip rip）（滑らか、平ら）

エウェ語　　ツァクリー（tsaklii）（ザラザラ）

エマイ語　　フイェフイェ（fuyefuye）（フワフワ）

視覚的・触覚的概念が比較的オノマトペで表しやすいのは、これらの概念がある種の「パターン」を持つためと考えられる。オノマトペは、繰り返しなどの語形により物事のパターンを写すことを得意とする。例えば、「ワン」なら一回、「ワンワン」なら二回以上の犬の鳴き声を表すといった具合である。この機能により、歩調や模様といった聞こえない視覚・触覚パターンまでも音で写し取ってしまうわけである。

オノマトペの苦手分野

一方、「身体感覚・感情・味・匂い・色」を音で真似るのはかなり難しいらしい。身体感覚のうち、痛みなどならまだパターンが抽出可能かもしれない。それでも、これらの概念に聴覚的要素やパターンを見出すのが相対的に難しいのは確かであろう。

そんな中、日本語には「身体感覚・感情」を表すオノマトペが豊富であり、「擬情語」という特別な用語まで作られている。

日本語の擬情語（レベル3）

身体感覚　ヒリヒリ、キリキリ、シクシク、ムカムカ、ムズムズ、ズキズキ

感情　ワクワク、ウキウキ、クヨクヨ、メロメロ、ルンルン、ウジウジ

その反面、日本語には「味・匂い・色」を表すオノマトペは厳密にはない。「ピリピリ」や「ツーン」は、それぞれ舌と鼻の痛みを表すオノマトペと考えられるし、「アオアオ」や「ク

ログロ」は色名詞（青、黒）の重複形である。一方、アフリカなどの言語には、次に挙げるように「味・匂い・色」を表すオノマトペの報告がある。

味のオノマトペ（レベル3）
　ハウサ語　チョイ（coi）（甘さ）
　エウェ語　ヴィヴィ（vivi）（甘さ）
匂いのオノマトペ（レベル3）
　エウェ語　リンリンリン……（rinrinrĩ…）（強烈な臭さ）
　キシ語　クピーニクピーニ（kpiini-kpiini）（臭さ）
　ヴェンダ語　トゥー（thuu）（酷い匂い）
色のオノマトペ（レベル3）
　ハウサ語　ソル（sol）（真っ白）
　エウェ語　ユィボー（yibɔɔ）（黒）
　エマイ語　リリリ（ririri）（赤）
　ムンダン語　プー（puu）（黒）

最後に、明らかに「論理的関係」を表すオノマトペというのは、筆者が知る限りどの言語にも存在しない。「論理的関係」とは、日本語の助詞が表すような文法的関係や、「ない」が表すような否定関係などである。日本語の「アベコベ」辺りが候補に挙げられるかもしれな

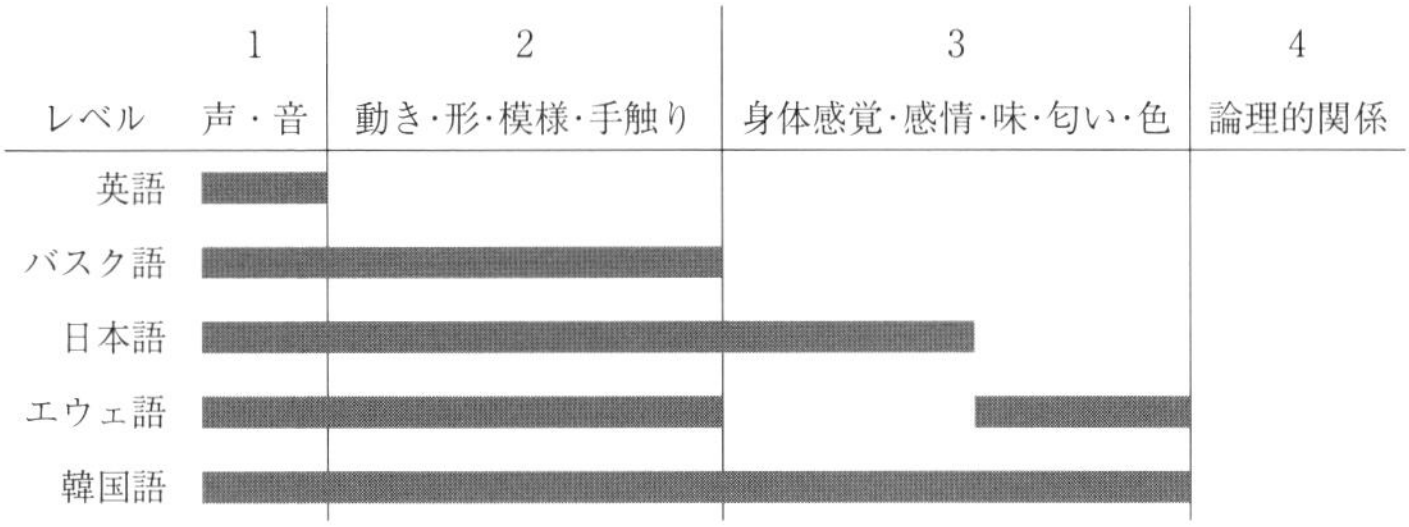

図 4-2　世界のオノマトペの守備範囲

いが、純粋に論理的関係のみを表しているかと言われると疑わしい。オノマトペが純粋に論理的な関係を写せないとすると、それは具体的内容を削ぎ落とした概念というのが、オノマトペの写実性にそぐわないためであろう。

オノマトペの意味の法則

以上の意味分布をまとめてみよう。図4-2では、各言語におけるオノマトペの守備範囲を帯で示している。ここまでの話からわかるように、図4-2にはある法則性が見られる。帯の伸び方に注目してほしい。いずれの言語においても、帯は左から右に向かって伸びている。違いはどのレベルで止まるかである。様々な意味が混在するレベル3については、「身体感覚・感情」をカバーする日本語のような言語もあれば、「味・匂い・色」のほうをカバーするエウェ語のような言語もある。

とりわけ重要なのは、ここから世界の全言語について予測を立てることができるという点である。即ち、「ある言語において、あるレベルのオノマトペが発達していれば、それより下位のオノマトペも発達している。しかし、それより上位のオノマトペが発達しているとは限らない。」という予測である。

オノマトペ語彙を発達させていない言語にも存在するのは、レベル1である。英語の他に、英語と同じくゲルマン系に属するドイツ語やスウェーデン語、さらにイタリア語、スペイン語、フランス語などのロマンス諸語、さらにロシア語やチェコ語などのスラヴ諸語もこのタイプと考えられる。一方、バスク語のオノマトペ辞典を見てみると、収録語数五〇〇〇を誇るものの、音や動きに関するものが大半を占めており、擬情語などのレベル3のオノマトペは「エストゥエストゥ(estu-estu)」(緊張して)などごくわずかのようである。ハンガリー語もこれに似た分布をなす。一方、韓国語やインドのムンダ語では、レベル3のいずれの概念を表すオノマトペも少なからず確認できる。「アクルバクル(akul-bakul)」(恐怖や怒りによる不安)や「アカブアカブ(akab-akab)」(真っ白)は、長田俊樹氏が研究を進めるムンダ語の例である。

このように見てくると、オノマトペの数が多い言語が、必ず高いレベルのオノマトペまで持つとは限らないことがわかる。長いオノマトペリストを有するバスク語に擬情語があまり見当たらない、というのがよい例である。反対に、論理的には、オノマトペが少なくてもその守備範囲は広いという言語が見つかってもよいことになる。では、何が原因でオノマトペの守備範囲は広くなるのだろうか？　この問題に答えるには更なる言語間比較が必要である。

副詞で鳴く猫、動詞で鳴く猫

日本語の猫は副詞で鳴き、英語の猫は動詞で鳴くといわれる。「猫がニャーと鳴いた」と"The cat meowed"のような対立を見ると、オノマトペがどのような品詞で現れるかは言語間でバラバラだと考えたくなるかもしれない。実際、世界のオノマトペを見てみると、他にもソマリア語では名詞、広東語では形容詞、と一見何の秩序もなくばらついているようである。しかも、オノマトペの振る舞いには、各言語内にも多様性が見られる。例えば、「星がキラキラと光っている」なら副詞だが、「星がキラキラしている」なら「キラキラ」は動詞の一部である。

この途方に暮れそうな多様性の中にも、実は一つの法則が見つかっている。副詞用法と動詞・形容詞用法それぞれが可能なオノマトペに意味的な傾向があるのだ。具体的には、特にレベル1の聴覚的なオノマトペは副詞用法を好み、反対に、高いレベルに位置する抽象的な意味のオノマトペは動詞・形容詞用法を好む。

まずは日本語を見てみよう。日本語では「する」以外に「いう」も「ニャーニャーいう」のように動詞を形成する。これが一語の動詞であることの証拠としては、「?ニャーニャー猫がいう」のようにオノマトペと「いう」を分離しにくいことなどが挙げられる（「?」は、当該表現がやや不自然であることを表す）。(1)のように、レベル1のオノマトペは「と」を伴って副詞を、「いう」を伴って動詞を作ることができる。

(1) 声・音（レベル1）

a. 猫がニャーニャーと鳴いていた　鍋がグツグツと煮えていた　（副詞）

b. 猫がニャーニャーいっていた　鍋がグツグツいっていた　（動詞）

一方、レベル3のオノマトペの中には、(2)の「ドキドキ」のようにもっぱら「する」で動詞化され、やや副詞が作りにくいものがある。

(2) 身体感覚・感情（レベル3）

a. 頭がズキズキと痛んでいた　?花子はドキドキと緊張していた　（副詞）

b. 頭がズキズキしていた　花子はドキドキしていた　（動詞）

また、「カチカチ」というオノマトペを考えてみると、レベル1の意味の場合には「時計がカチカチと時を刻む」のように副詞として現れ、レベル3の意味の場合には「緊張でカチカチだ」のように形容(動)詞として現れる。法則通りである。

ハンガリー語の状況はよりはっきりしている。この言語のオノマトペは、英語と同じく主に動詞として現れる。そんな中、レベル1のオノマトペは、(3)のように副詞としても使えるが、より抽象的なレベル2のオノマトペは(4)のように動詞としてしか使えない（「×」は、当該表現が不自然であることを表す）。

(3) 声（レベル1）

a. A méhecske züm-züm repked-ett(蜂がブンブンと飛んだ) (副詞)

b. A méhecske zümm-ög-ött(蜂がブンブンした) (動詞)

(4) 動き(レベル2)

a. ×A fény csill-csill tükröződ-ött a víz-en(光が水にキラキラと反射した) (副詞)

b. A fény csill-og-ott a víz-en(光が水にキラキラした) (動詞)

最後に中国語を見てみよう。この言語には、レベル1のオノマトペについては数百語が存在し、主として(5a)のように副詞として振る舞う。

(5) 声(レベル1)

a. 小鸡唧唧地叫着(ヒヨコがピヨピヨと鳴いている) (副詞)

b. ×小鸡唧唧的(ヒヨコがピヨピヨだ) (形容詞)

それより上位のオノマトペの存在については議論があるが、いくつかの「オノマトペ的」な語類の存在が指摘されている。最も代表的なのは「ＡＢＢ型」と呼ばれるもので、八〇〇語近く存在する。他言語のオノマトペと比較した際にとりわけ目を引くのは、レベル3(味・匂い・色)の意味を持つ例である。これらは、(6a)のような副詞用法よりも、(6b)のような形容詞用法が多い。他にも「黑漆漆」(真っ黒)、「甜腻腻」(甘さがしつこい)、「臭烘烘」(酷く臭い)などが挙げられる。いずれも「ＡＢＢ」という重複を含んだ語で、オノマトペ的とされる。

(6) 色(レベル3)

a. 太阳金灿灿地闪着光（太陽が黄金色に光っている）　（副詞）
b. 太阳金灿灿的（太陽が黄金色だ）　（形容詞）

やはりここでも、副詞を好むのは聴覚的なオノマトペで、形容詞を好むのは抽象的なオノマトペである。

品詞の法則はどこから？

では、なぜこのような分布になるのだろうか？　理由は、各品詞そのものの特徴にあると考えられる。動詞や形容詞は、文の主役である述語として働くことができるが、副詞は述語を修飾する脇役的存在である。一方、レベル1のオノマトペが表す音の放出とは、(1a)の鍋が煮えるというできごとや(3a)の蜂が飛ぶというできごとに付随する二次的なできごとである。レベル1のオノマトペが副詞的実現を好むのは、こうした付随的特性が、副詞という品詞の「脇役らしさ」と相性がよいためと考えられる。

反対に、高いレベルに位置づけられる視覚的なできごとや内的感覚は、それ自体が関心事となりやすく、二次的なとらえ方がそぐわないと考えられる。例えば、(2a)の「ドキドキ」が表す緊張感や、(4a)の csill-csill（キラキラ）が表す閃光は、それぞれ文の主役として言語化するに値する事柄である。抽象的概念を表すオノマトペが述語として現れやすいのには、こうした事情が関わっているものと思われる。

オノマトペの文法については、まだ複数の仮説が提案され始めた段階である。近い将来、より広範に及ぶ法則が発見されることを期待する。

オノマトペは幼稚か？

オノマトペは幼稚で感情的な、言葉未満の存在だろうか？　言語学者の中にも、こうした認識を口にする者は少なくない。現代言語学は、今も英語などの西洋言語を中心に進んでおり、このバイアスは、オノマトペへの偏見を生み、その研究が停滞する大きな原因となってきた。日本語を使い慣れた読者の中にも、「オノマトペ＝幼稚」と感じる方はいるかもしれない。しかし、一方で「オノマトペ＝親しみやすい表現」のようなプラスの印象も持っているのではないだろうか。これまで見てきたように、オノマトペは数も意味も品詞も言語間で異なっている。では、オノマトペという語類の位置づけや役割は、各言語でどうなっているのだろう？

「幼稚」や「親しみやすい」といった印象は、なかなか客観的には測りにくい。その一方で、世界の文献をめくってみると、オノマトペが持つ文体的効果やオノマトペが使われやすい環境に関する記述は少なくなく、しかも興味深いばらつきを見せる。表4-2はその一覧である。

表 4-2 世界の言語におけるオノマトペの役割と位置づけ

言　語	系　統	使用地域	形容・レッテル	評価
日本語	孤立	日本	砕けている；口語的；修辞的	
バスク語	孤立	バスク地方	幼稚；田舎者；教養が低い；美的	±
パコー語	オーストロ＝アジア語族	東南アジア	詩的	+
ヨルバ語	ニジェール＝コンゴ語族	西アフリカ	劇的	+
シウ語	ニジェール＝コンゴ語族	西アフリカ	美的	+
エマイ語	ニジェール＝コンゴ語族	西アフリカ	散文的；会話では使わない	
バカ語	ニジェール＝コンゴ語族	アフリカ中部	雄弁	+
トゥンブカ語	ニジェール＝コンゴ語族	アフリカ南東部	詩的	+
ソト語	ニジェール＝コンゴ語族	南アフリカ	劇的	+
ズールー語	ニジェール＝コンゴ語族	南アフリカ	田舎者；女性＞男性	−
ンヅワニ語	ニジェール＝コンゴ語族	東アフリカコモロ諸島	田舎者；女性・子どもには使わない	−
ヴンジョ語	ニジェール＝コンゴ語族	東アフリカ	ジャンル傾向なし；性差なし	
ウォライッタ語	アフロ＝アジア語族	東アフリカ	田舎者	−
チェコ語	印欧語族	チェコ	原始的	−
英語	印欧語族	英米など	幼稚	−
ナヴァホ語	デネ＝エニセイ語族	北米南西部	詩的	+
ケチュア語	ケチュア語族	南米	遂行的	+

様々な顔を持つオノマトペ

表4-2から、オノマトペが持つと思われる三つの「両面性」がうかがわれる。一つ目は評価性についてである。表の最終列が示すように、オノマトペに対する印象はよい言語と悪い言語があるようである。特に、オノマトペを修辞的な技法ととらえ、オノマトペを巧みに使う話者や作家をたたえる文化と、教養の低い人の象徴ととらえさげすむ文化が見受けられる。後者に関しては、バスク語やズールー語のように、使用地域の都市化によって旧来の言語特徴としてのオノマトペが忌避されるようになるというケースもある。

二つ目は口語性についてである。日本語をはじめ多くの言語は、文語よりも口語でオノマトペを発達させている。オノマトペの根源が音真似だとすれば、うなずける状況である。一方で、エマイ語のようにオノマトペが文語的であり会話では用いないという言語も、確かに存在するようである。オノマトペが修辞性を勝ち得た末にたどり着いた文化的状況なのかもしれない。日本語では、砕けた会話と文学の両方でオノマトペが頻用されるが、これはオノマトペが口語性を保持しつつも修辞性を発達させた例と言えるかもしれない。

三つ目は性差についてである。ニジェール＝コンゴ語族の中には、ヴンジョ語のように「オノマトペの使用に性差はない」と明言されている言語もある。一方で、女性のほうがオノマトペをよく使うというズールー語や、女性に対してはオノマトペを使わないというンヅワニ語のような言語もある。後者には、女性の雄弁さを禁ずる固有の社会的背景が絡んでおり、それがオノマトペ使用を左右しているという点は特筆に値する。

このように、オノマトペの役割や位置づけは言語間で大きく異なるものの、その多様性は各言語圏の文化的・社会的背景からある程度説明できそうである。その一方で、例えば英語のオノマトペの「幼稚さ」の根源は必ずしもはっきりしない。今後、本章で見てきたオノマトペの言語差との関係で何らかの法則が見つかるのではと見込んでいる。

本章では、世界のオノマトペを見比べることで、オノマトペの数、意味の守備範囲、品詞、役割が言語間でかなり異なること、その反面、この多様性にはいくつかの法則が見られることを見てきた。いずれの法則も、日本語だけを見ていたのでは発見には至らなかったであろう。日本語は、オノマトペに富む言語の中では例外的に豊富なデータと研究量を有する。世界に目を向けることで、その研究成果は数倍の意味を持つことになるのである。

オノマトペ研究の文献目録

Akita, Kimi. Bibliographies of sound-symbolic phenomena. Ms., University of Tokyo, 2005-2010. https://sites.google.com/site/akitambo/Home/biblio

◆コラム　オノマトペとアニメの効果音

タラちゃんの足音をご存知だろうか？　日本のアニメに耳を澄ますと、「聞こえないはずの音」が数秒に一回は聞こえてくる。『サザエさん』に出てくるタラちゃんは、廊下だろうと道だろうと、決まった電子音を出して駆けてくる。試しにアメリカのアニメを見てみると、電子音ではなく実際の足音などを使用していることが多い。

この日米差は、日英語のオノマトペの守備範囲の差と一致する。日本語は、「トコトコ」や「トボトボ」など歩調を表す擬態語が豊富である。一方で、英語は、実際の音を写す「パター(patter)」(パタパタ歩く)のような擬音語なら割と多い。

さらに、『ちびまる子ちゃん』では、登場人物が青ざめたり呆れたりする際、複数の縦線とともにドヨ～ンという効果音が流れる。これは「クヨクヨ」や「ゲンナリ」のようないわゆる擬情語のようである。そうしたオノマトペは英語には見出しがたく、ドヨ～ンのような効果音もやはりアメリカのアニメではなかなか見つからない。

オノマトペの意味の守備範囲というのは、日本語や英語という「言語」の特徴のはずである。アニメの効果音という「非言語的媒体」が同様の分布を示すというのは、言語からの影響だろうか？　それとも、言語(オノマトペ)と非言語(効果音)が共通の記号メカニズムを利用しているということなのだろうか？　……こんなアニメの楽しみ方はどうだろう？

5　外国人は日本語のオノマトペを使えるの?

岩﨑典子

オノマトペは難しい?

オノマトペは日本語を外国語として勉強する人には難しいと言われている。筆者のデータでも外国語として日本語を学んだ韓国人が自分の見たビデオを描写しようとしている時にオノマトペを使おうとして、「パッ? クッ? 何という、あー、これ僕一番難しいんですけど、日本語で何という、擬声語? それが一番難しいと思うんですけど」と戸惑うことがあった。オノマトペは音と意味が関係しているため、音と意味の関係が恣意的な一般の語より容易に習得できそうである。本当に習得や使用が難しいのだろうか。

一方では、オノマトペが習得しやすいことを示唆するデータがある。グウィリム・ロックウッド氏他による実証研究では、日本語のオノマトペを日本語学習経験のないオランダ語話者に本来の意味(ウキウキ=happy)、または、反対の意味(ウキウキ=sad)を対訳としてオランダ語で提示し、二つの条件を比較したところ、本当の意味を提示した場合の方がよく覚えられた。さらに語音から意味を選ばせる二者択一課題(ウキウキ＝happy/sad、キビキビ＝energetic/tired)では、正答を選べることが多いという結果が得られた[1]。オノマトペの音が意味に関係していることが未知の言語のことばを覚えやすくし、意味の推測も可能にしたと考えられる。

同様に、日本語の知識がまったくない英語話者でも日本語のオノマトペを聞けば、ある程度意味を推測することができる。筆者が共同研究者と行った調査では、日本語学習経験のない英語母語話者にあらかじめ録音した日本語のオノマトペ(擬音語[2]、〈笑い〉の擬声語、〈痛み・歩み〉の擬態語)を聞いてもらい、どのような意味かをそれぞれのオノマトペに関係するいくつかの意味項目(「大きい音―小さい音」「鋭い痛み―鈍い痛み」「口を大きく開けて―口を閉じて」「大また―小また」など)について七段階で判断してもらった。その結果を日本語母語話者の判断と比べたところ、英語話者も日本語母語話者と同じく、反復のあるオノマトペ(例えば、カチャカチャ、ズキズキ)は長く続く音や長く続く痛みを指すこと、母音[a]を含む笑いの擬声語(ワッハッハ、カラカラなど)が大きく口を開けて元気よく大きな声で明るく笑う様子を指すこと、濁音を含む擬音語(ガチャン、ボトン、ゴトゴトなど)が重いものや大きいものがたてる音を指し、濁音を含む歩みの擬態語(ドシドシ、ドタバタなど)が大きい人が歩いている様子を指すことなどを推測できた。このことは、日本語のオノマトペに言語共通の音象徴の要素が含まれていることを示している。特に笑いの擬声語は語音が意味に類似しているため推測しやすく、例えば「クスクス」は、英語話者も「口を閉じたまま抑えた感じの女性的な小さな声の笑い」を指すと判断していた。それなら、日本語のオノマトペの習得はやさしそうだ。

ところが皮肉なことに日本語のオノマトペを聞いて言語共通の音象徴に基づいて感覚的に意味を判断できるのは、日本語を学習したことのない外国人に限られる可能性がある。内藤由香氏は、浜野祥子氏が唱えた「口蓋化の音象徴」が日本語特有のものなのかどうかを検証するために、日本語母語話者、日本語の初級学習者、日本語学習経験のない英語母語話者の三グループを対象に調査を行った(3)。「口蓋化の音象徴」とは、舌を口蓋に向かって盛り上げて調音する音(キャ、チョ、ピュなど)を含むオノマトペが、コントロールできないさま(例えば「子どもっぽさ、制御できないエネルギー、不安定さ、未熟さ、信頼性の欠如、ぎこちなさ」など)を表すというものである。被験者は、既存の日本語のオノマトペをもとに作られた、口蓋化音を含む新オノマトペと含まない語のペア(例えば、シャロシャローサロサロ)のどちらかを聞き、提示された絵のペアからその語が指しうる様子を描いた絵を選ぶよう指示された。その結果、日本語学習経験のない英語話者は日本語母語話者と同じく、口蓋化を含むオノマトペの意味として、制御できないエネルギーを描く絵(例えば、水が飛沫をあげて吹き出している)を選ぶ傾向があったが、日本語学習者の絵の選択には口蓋音の有無は影響しなかった。内藤氏はこの結果から、口蓋化の音象徴が英語話者も共有する音象徴であることを示唆しているものの、日本語学習者はあえてその感覚を使わずに、学習した日本語の音声的知識に基づいて判断しようとしたがために、口蓋化音の意味合いを知覚できなかったのではないかと論じている。

さらにエリノア・H・ジョーデン氏も指摘するように、オノマトペには母語話者が慣習の蓄積によって獲得する文化特有の言語音と意味の関連も含まれている。(4) 前述の筆者らの調査でも、特に情意的な意味合いの判断(気持ちいい音、きれいな音、または、上品な笑い、快い声の笑いなど)は、日本語学習経験のない英語話者と日本語母語話者の間で反応が大きく異なっていた。例えば、擬音語「チャポン」は、日本語母語話者にとっては「少量の液体など自然のものがたてる快く美しい、静かで響く音」であったが、英語話者にとっては「乾いた人工的な大きな個体がたてる不快で汚い、大きい響かない音」であった。

感覚と無関係の一般語彙(例えば「つくえ」や「ネコ」)の習得が、単に語音に対して恣意的に与えられた意味を覚えることであるのに対して、オノマトペを習得するには、言語に共通する感覚を生かしながらも、日本語オノマトペの知識を蓄積して文化特有の感覚も獲得する必要がある。このことが、オノマトペの習得を一般語彙より難しくしている、あるいは難しいという印象を与えていると考えられる。

オノマトペが使えるというのはどういうことか

実証研究は少ないものの、日本語学習者がオノマトペを使うのは難しいという結果も出ている。中石ゆうこ氏他が、日本在住の中国語を母語とする上級日本語学習者一〇名を対象に、二つの課題を用いて行った調査の結果である。(5) アニメーション課題では、三九語のオノマトペの意味を示す動画を見て、思いつくオノマトペをキーボード入力し、作文課題ではその三九語のそれぞれのオノマトペを実際に使って一文ずつ作文した。その結果、各課題の正答率は二四・四%、二八・七%に過ぎなかった。すでに日本語能力検定一級を取得している高いレベルの上級学習者で、しかも日本在住である被験者の正答率がこれほど低いということは、日本語学習者にとってオノマトペを使うのはやはり難しいのかもしれない。

しかし、オノマトペを使えるというのはどういうことなのかを考えてみる必要がある。まずは、ここで用いられた正答率の算定基準に注目したい。アニメーション課題の「正答」は動画作成時に想定された一つのオノマトペに限らず、同じ課題を遂行した日本語母語話者二二名の回答にあったすべての語を正答としていた。用いられた三九の動画のうち、日本語母語話者の八割以上が同じオノマトペを用いたのはたった六つであったということから、日本語母語話者が様々なオノマトペを用いていたことがわかる。つまり、同じ動画の描写をするのに正しいオノマトペ一語を特定することができないのである。二二名の日本語母語話者が使っていなかったために「誤用」と判断されたオノマトペの中にも、使ってもおかしくない(ちょっと創造的な？)オノマトペもある。例えば、「ニコニコ」を意図した動画(首を左右に動かしながら満面の笑顔で笑っている男性の顔)で正答とされたのは、「ニコニコ」や「ウキウキ」だったが、中国語母語話者はこれらの正答の他に、「ワクワク」、「わあい」などと入力していた。また、日本語母語話者一八名が「ポイポイ」と回答した動画（男性が箱から次々にものを投げ捨てる動画）に「ポイポイ」を入力した中国語母語話者はいなかった。しかし、一名ずつが用いた「メチャクチャ」「ポンッ」というオノマトペは使い方次第では自然である。「部屋をメチャクチャにしている」「何かポンッポンッと放り投げている」などは同じ場面を描写する日本語として不自然ではない。アニメーション課題ではオノマトペ一語の回答を求めただけで、オノマトペを文や発話の中で使わせたわけではなかったため、学習者がどのように使うつもりでそのオノマトペを入力したのかはわからない。

興味深いのは、「ポイポイ」が期待される動画に中国語母語話者がだれ一人「ポイポイ」と回答しなかったものの、実はこの中の二名はこのオノマトペを知っていたという報告である。彼らは作文課題において、「子どもはおもちゃをあっちこっちに**ポイポイ**捨てる」「妹は**ポイポイと**テーブルにある紙を捨て、あっというまに部屋が紙屑だらけになってしまった」のように使っていたという。ことばも知っていて、「捨てる」という動詞と一緒に用いられることが多いことも知っていたのである。では、この二名は「ポイポイ」を使えるのか、使えないのか。少なくともことばを与えられて作文する課題ではオノマトペを使えると言ってよいだろう。では、自然発話ではどうであろう。日本語学習者はオノマトペを自発的に使えるのだろうか。

母語にオノマトペが少ない外国人、母語にオノマトペの多い外国人

外国人が日本語のオノマトペを自発的に使えるかどうかは、その外国人の母語にもよる可能性がある。一般に、第二言語の習得や使用には母語が影響することが知られているからだ。例えば、清音と濁音の区別を持たない中国語や韓国語の母語話者は、日本語の「谷ーダニ」などの区別が苦手である。英語にはオノマトペは比較的少なく、動詞として使われることが多いため、日本語とは様相が異なる。一方、韓国語にはオノマトペが多く主に副詞として使われるため、日本語と似ている。では、韓国語母語話者の方がオノマトペを使い慣れているから、英語母語話者より日本語のオノマトペをより多く使うのだろうか。

この疑問に答えるために、筆者はまずKYコーパスというデータを見てみた。コーパスというのは一般に言語データを集めたものだが、このKYコーパスは略してOPIと呼ばれる、目標言語を話す能力を判定するためのインタビューを書き起こしたもので、研究目的で使用する研究者に提供されている。このコーパスには、英語、中国語、韓国語を母語とする日本語学習者について、話す能力が初級(五名)、中級(一〇名)、上級(一〇名)、そして超級と呼ばれる高いレベル(五名)に判定された各母語グループ三〇名ずつのインタビューが含まれる。インタビューでは趣味、出身地、旅行経験などの日常的内容の他に、レベルによっては社会問題などについて発話が促される。

このコーパスを使って、英語母語話者と韓国語母語話者の三〇名のインタビューで使われたオノマトペを集計したところ、英語母語話者、韓国語母語話者のどちらのグループでも中級以上の話者が一七名ずつオノマトペを使っていて、実際に使われていたオノマトペの数は英語母語話者の方が多かった。意外な結果である。しかし、コーパスの性質上、すべての話者が同じトピックで話したわけではないため、正確な比較のためには同じ課題を用いて調べる必要がある。そこで筆者は、同じ場面を英語母語話者と韓国語母語話者に描写してもらう別の実験(次節)を行ってみた。

日本語母語話者　クルクルクルクルって転がって(?)

オノマトペは他のことばと違い、そのオノマトペを必ず使わなければならない状況・文脈がまずない。そもそも日本語母語話者は、どのような時にオノマトペを自発的に使うのか。筆者は日本語母語話者の多くがオノマトペを使って描写するビデオの場面を選ぶために、世代や地方による使い方の違いも考慮し、日本生まれ日本育ちの東京在住の二一名の大学生に、アニメ『ルーニー・テューンズ』(トゥイーティーのキャラクターで知られるアニメ)の場面をいくつか見せて描写をしてもらった。このうちここで紹介するのは、日本語母語話者が最も多くオノマトペを用いた場面で、しかも、英語母語話者、韓国語母語話者のどちらの学習者も最もオノマトペを多く使った場面である。

それは、シルベスター(黒いネコ)がトゥイーティー(黄色いカナリア)を捕まえようとして排水管の中をよじ上っている時に、トゥイーティーが上から排水管に入れたボウリングの玉を飲み込んでしまい、排水管の中から飛び出して坂を転がり落ちる場面である(その後、シルベスターはボウリング場に突入して、ピンが倒れる音が聞こえる)。シルベスターが転がり落ちる滑稽な様子がオノマトペの使用を誘引したようだ。

日本語母語話者のこの場面の描写は実に様々で、例えば(1)や(2)のようにオノマトペなしで描写する人もいれば、(3)～(6)のようにオノマトペで描写する人もいた。使われたオノマトペのうち、(5)の「クルクル」は転がる様子というより同じ場所で回転する様子を表すオノマトペということになっているのだが、そんなことはおかまいなしに使っている。

(1) その坂道をボウリングの玉が転がるように転がっていって
(2) そのバランスを崩したネコは坂道を下って行って
(3) そのちょっと行ったところが下り坂で、ま、下り坂でピューって落ちていって
(4) ネコは下に落ちてって、ゴロゴロゴロゴロって落ちて坂を下ってって
(5) それがお尻までまわって、こうクルクルクルクルって転がって
(6) すぐ坂になっているからウワーッて下ってって、アアアーって下った

(1)から(6)で注目したいのは、日本語母語話者もオノマトペを使わないことがあり、使う場合でも様々なオノマトペを使うということである。しかも、辞書の定義から判断すると不適

切だと思われるオノマトペも使っている。ということは、外国人がオノマトペを使わないからといって、必ずしもオノマトペを使えないとは言えないことになる。

外国人がオノマトペを使えた例　コロンとしてドーン！

シルベスターが転がり落ちていく場面を、ロンドン在住の英語母語話者一三名と、ソウル在住の韓国語母語話者二四名にも日本語で描写してもらった。このうち、英語話者(中級一〇名、上級三名)とほぼ同等のレベルの韓国語話者一八名(中級一一名、上級七名)の描写を分析したところ、オノマトペを使った英語話者は一三名のうち四名に過ぎなかったが、韓国語話者は一八名のうち一五名がオノマトペを使っていた。韓国語話者の場合、韓国語に「ゴロゴロ」に相当する「데굴데굴(テグルテグル)」というオノマトペがあることも使用を手伝ったと考えられる。ただし、他の場面の描写では大きな違いはなかったため、すべての場面で韓国語話者の方がより多くのオノマトペを使うというわけではなかった。この場面の描写では韓国語話者の方がオノマトペを多く使い、母語によって使い方が異なることもわかった。

まず、韓国語話者のオノマトペの使い方を見てみよう。(7)と(8)は韓国語話者の発話である。日本語母語話者の(3)〜(6)でオノマトペが副詞として使われているように、韓国語でもオノマトペは副詞として使われることが多いはずだが、(7)と(8)では、オノマトペが「する」を伴う動詞(以下、スル動詞)として使われている。オノマトペを使った一五名のうち「グルグル／

ゴロゴロ」を使ったのは一〇名で、うち六名がスル動詞として使っていた。

(7) ネコも一緒にゴロゴロしながらボウリング場に入ります。

(8) そのボウリングボールのせいで道をネコはグルグルしてボウリング場に入って

英語話者も(9)のように「コロコロ」や「コロンと」をスル動詞として使っていた。

(9) コロコロして、で、その坂の下にボウリング場がありました。
ネコがボウリング場にコロンとしてドーン！

一見、似たような使い方をしているようだが、よくみるとスル動詞の意味がちょっと違う。(7)(8)の「ゴロゴロする／グルグルする」と(9)の「コロコロする」の意味の違いがわかるだろうか。(7)(8)では移動の方向は動詞「入る」が示し、スル動詞は転がる様子だけを指しているため、単純に「転がりながら／転がって」と置き換えることもできる。一方、英語話者の(9)の場合は、移動方向を表す動詞を使う代わりに、オノマトペのスル動詞で移動方向と移動の様態のどちらも示しているようで、「転がり落ちて」で置き換えた方が妥当ではないだろうか。英語の roll down の意味に類似している。「コロンとして」も同様に移動方向を含んでおり、「転がって入って」のような意味が含まれている。

どのような意味にしろ、この場面の描写のために「ゴロゴロ／グルグル／コロコロ／コロン＋する」という表現を使う傾向は日本語母語話者には見られない。とするとこのような使い方は誤用なのだろうか。しかし、そもそもオノマトペは通常語彙よりも自由に使えることばである。それなら、こういう使い方があっていいのではないだろうか。

もう一点、韓国語話者と英語話者で異なっていたことがある。(9)でもそうだが、(10)の例にも見られるピンを倒す音を指す擬音語である。英語話者は韓国語話者より積極的に擬音語を使っていた。

(10) **ネコはボールの中があります。ボールはゴロゴロゴロゴロ、あ、ボウリング場へ行きます。プウーン！**

読者の皆さんは(7)から(10)の例をどう評価するだろう。シルベスターの転がる様子、ピンの音の描写から場面を想像できただろうか。できたとしたら、外国人も日本語のオノマトペを使え、表現力が豊かだと言えるのではないだろうか。

日本語能力の高い外国人ならオノマトペを使える？

母語以外に何がオノマトペの使用に影響するのか。まず考えられるのは日本語能力の影響である。この問題は先に取り上げた「オノマトペが使える」とはどういうことかという問題にも関わるが、日本語能力が高くてもオノマトペをあえて使わない外国人は少なくない。むしろ、日本語能力が高いからこそ使わないのではないかという場合もある。前述の分析では中級と上級の話者のみ対象にしたが、韓国語話者には日本語の超級話者や超級に近い上級上というレベルの人もいた。実は、最も日本語能力の高い超級話者はまったくオノマトペを使わず、上級上の話者もほとんど使わなかった。日本語能力が高く、オノマトペを知っていても、表現したい意味にぴったりのオノマトペを使うことの難しさからあえて使わないか、場をわきまえるきちんとした日本語の使用を目指しているために、オノマトペを子どもっぽい、またはくだけすぎていると思って避けている可能性がある。

喜多壮太郎氏も唱えるように、オノマトペは意味が感覚や情意に直接関わる特殊なことばである。一般語彙の知識や使用は日本語能力のレベルと大きく関係すると考えられるが、オノマトペの場合は違うようだ。第二言語習得研究では、ジャン＝マルク・デワーレ氏とアネタ・パブレンコ氏が感情語彙の使用にどのような要因が影響するかを報告しているが、感情表現を使うかどうかには、その話者の性格も影響し、外向的性格の人の方が、積極的に使う傾向を示すそうである。オノマトペの場合も、使うか使えるかはその話者の性格や好みが大きく影響するのかもしれない。

日本語母語話者でもオノマトペをあまり使わない人もいる。使い方も様々で、時には普通とはちょっと違う使い方もする。外国人の場合、日本語能力がどんなに高くてもあえて使わない人もいれば、中級レベルで楽しそうに使う人もいる。教科書にあるような使い方もあれば、本人が独創性を意図したかどうかにかかわらず、外国人がちょっと違う使い方をすることもある。そんなとき、必ずしもそれを「誤用」とは言えない。それゆえ、標題の答えは、「外国人も（使う気にさえなれば）オノマトペを使える」である。

引用文献

(1) Lockwood, G., Dingemanse, M. & Hagoort, P., Sound-symbolism boosts novel word learning. *Journal of Experimental Psychology: Learning, Memory, and Cognition*, **42**(8), 1274-1281, 2016.

(2) 岩崎典子・デイビッド ヴィンソン・ガブリエラ ヴィリョコ「擬音語の感覚――英語母語話者と日本語母語話者のとらえ方の比較」『言語学と日本語教育』第四巻、二三三-二四六、二〇〇五年。（紙幅の関係で他の関連の文献は省略する）

(3) 内藤由香「日本語の擬音語・擬態語知覚――母語話者、学習者、非日本語話者の比較から」*Educational Studies*, **55**, 293-301, 2013.

(4) ジョーデン エリノア H「擬声語・擬態語と英語」國廣哲彌編『日英語比較講座』第四巻、一一一-一四〇、大修館書店、一九八二年。

(5) 中石ゆうこ・佐治伸郎・今井むつみ・酒井弘「中国語を母語とする学習者は日本語のオノマトペをどの程度使用できるのか――アニメーションを用いた産出実験を中心として」『中国語話者のための日本語教育研究』二、四二-五八、二〇一一年。

◆コラム　オノマトペと翻訳

オノマトペの翻訳は難しい。長谷川葉子氏の『日英 英日 翻訳講座（*The Routledge Course in Japanese Translation*）』（二〇一二年）によると、日英翻訳で日本語のオノマトペが英語のオノマトペに訳されることはまずないという。代わりに「ブラブラ歩く」のような日本語の「オノマトペ＋動詞」が英語では"stroll"（さまよう）のように動詞だけになるなど、品詞が変わることも多い。虎谷紀世子氏は、日英翻訳の方策は言語類型などを考慮すると多くは説明できると論じる。とすると類型が同じでしかもオノマトペの多い韓国語訳なら、オノマトペを使っているに違いない。吉本ばななの『キッチン』の英訳（ミーガン・バッカス氏訳）と韓国語訳（キム・ナンジュ氏訳）の例を見てみよう。

まずは「白いタイルが**ピカピカ**輝く」だ。これはきっと英語では"sparkle"（きらめく）のような動詞に訳されていると思いきや、なんと擬音語が使われている。"White tile catching the light (**ting! ting!**)"（白いタイルが光を受け、チリンチリン！）。韓国語の方は予想どおりオノマトペが使われていた。「**반짝반짝** 빛난다」（パンチャックパンチャック輝く）。

しかし、日本語の「ピカピカ」とは音声的にずいぶん違っている。実は韓国語のオノマトペには日本語の対訳に音声的にそっくりなものとかなり違うものの両方が存在するが、「ピカピカ」「キラキラ」の対訳である「パンチャックパンチャック」は後者の例である。

もう一つ様態を表す例として「**ぽろぽろ**と涙をこぼした」を見てみよう。案の定、英語

ではオノマトペは使われていなかった。英語では、「涙」を主語にして、“his tears fell like rain”（涙が雨のように流れ落ちた）としていた。韓国語訳は、構文は日本語とそっくりなのだが、またしても音声がかなり異なるオノマトペを用いている。「눈물을 뚝뚝 흘렸다」（涙をトゥックトゥック流した）。この韓国語オノマトペを辞書でみると、「ポロポロ、ポタポタ、ボタボタ、ポキンポキン、ポキポキ、トントン」など様々な和訳が並ぶ。日本語を母語とする韓国語学習者にはつらいところだ。

　音を表すオノマトペなら、似たような音声で模倣していてもよさそうなものだ。「冷蔵庫の**ぶーん**という音が…」はどうか（筆者には冷蔵庫がブーンというのは意外ではあるが）。予想通り英語でも韓国語でもオノマトペが使われていた。英語では“The **hum** of the refrigerator…”で、韓国語では、「위ー잉、냉장고 소리가…」（ウィーイン、冷蔵庫の音が…）だ。英語の“hum”は蜂や機械のブンブンという音を指す語彙として確立しているオノマトペ、韓国語の場合、「ブーン」の辞書の対訳は「웡웡（ウォンウォン）」であるので、「ウィーイン」は、新造語だと思われる。どちらも「ブーン」とはかなり違う音声なのだが、前者はブンブンという音をそのように指してきた慣例でそう表現し、後者は機械音を主観的に捉えて音声化したものだろう。筆者には冷蔵庫の音が“hum”のようには聞こえないが、「ウィーイン」とは聞こえるような気もする。何語に翻訳するにしてもオノマトペの翻訳は難しそうだ。翻訳者の方々に敬意を表したい。

6　オノマトペはことばの発達に役にたつの？

今井むつみ

絵本はオノマトペで溢れている

子どもはオノマトペが好きだ。実際、子どもとオノマトペはとても親和性が高い。例えば日本の子ども向けの絵本はオノマトペがいっぱいだ。

Curious George という人気絵本（邦訳『ひとまねこざるときいろいぼうし』、一九六六年）があるが、もともとの英語版でもオノマトペは散見される。そのほとんどは“Ding-A-Ling-A-Ling”“Ding-dong-ding-dong”“bump”のような擬音語である。

これが日本語に訳されるとオノマトペはさらに増える。原文では“ran out through the open door”や“slid down the post”のようにオノマトペでない表現でも訳のときに「**さっと**、あいてた　どあ　からにげだしました」「**するする**　しんごうを　すべりおりました」（**太字**は筆者）のようにオノマトペが加えられることもしばしばである[1]。

では、子どもはどうしてそんなにオノマトペが好きなのだろうか？　そもそも大人は大人

図6-1　親子ペアに見せたアニメの例
(「ソーセージにフォークを突き刺す」)

に話しかけるときよりも子どもに話しかけるときの方がたくさんオノマトペを使うのだろうか？

大人は子どもが小さいほどたくさんオノマトペを使う

このことを調べるために、調査を行った。ソーセージにフォークを突き刺す、紙を丸める、はさみで紙を切る、浮き輪で水に浮く、など日常的な動作のアニメーションを一二種類用意した(図6-1)。それぞれの動作は動詞を使って表現することもできるが、「ブス」「クシャ」「チョキチョキ」「プカプカ」などオノマトペで表現することもできる。一九組の親子ペアに調査に参加してもらい、そのうち一〇組は子どもが二歳、九組は三歳だった。お母さんには、それぞれのアニメを見ながら、自分の子どもに向かってアニメについて話をしてもらった。一二種類のアニメを全部見た後で、今度は違う順序で同じ一二種類のアニメを見せ、調査を行った私たち(大人)に対してそれぞれについて話してもらった。

すると、子どもに対して話す時は明らかに大人に話す時よりもオノマトペを頻繁に使うことがわかった。しかも、子どもが小さいほど、オノマトペの頻度が高いことがわかったのである(図6-2)。

オノマトペは言語の学習に役に立つのか

このように子どもに対してオノマトペを使うのにはなにか理由があるはずだ。どのような理由なのだろうか。

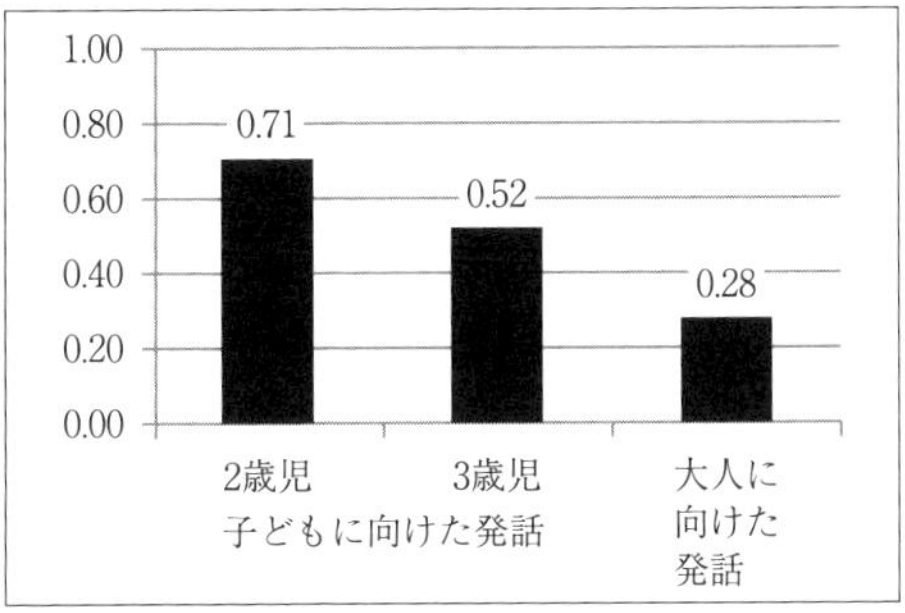

図6-2 動作についての語りの中でオノマトペが使われた割合

この問題は実は非常に深い。なぜならこの問題を考えるためには、子どもは生まれた時にどのような能力を持っていてオノマトペの持つ音と意味のマッチングがわかるのか、という問題を考えなければならないし、ことばの学習のどの部分にどのようにオノマトペが役に立つのかということも考える必要がある。「子どもはなぜオノマトペが好きなのか」という、一見しごく単純に見える問題は、考え始めると、ロシアの入れ子人形のマトリョーシカのようにどんどん新たな問いが生まれてしまうのである。

ことばと音の関係

普通のことば（単語）はその音から意味を推察することができない。フィッシュ、ポワソン、ユイ――これらは英語、フランス語、中国語でそれぞれ「サカナ」を意味する単語である。特に「サカナ」を思わせる音ではないし、互いに音が似ているわけでもない。つまり、ことばの音と意味の間には、直接的な関係はない。しかしオノマトペは、違う。トントンとドンドン、チョコチョコとノシノシ、など、それぞれの単語の音は意味を持っている。音をちょっと変えて、「チョカチョカ」「ノスノス」にしても、軽い感じ、重くてゆっくりした感じは保たれている。普通のことばだとそうはいかない。例えば「サカナ」の最後の母音を変えて「サカノ」にすると、「サカナ」とはまったく関係ない意味になってしまう。

考えてみると、言語をすでに使いこなしている私たち大人にとって、音声のことばはそれぞれ指し示す対象があり、意味を持つ、ということは当然のことだが、赤ちゃんはどのようにそのことに気づくようになるのだろうか？　そもそも赤ちゃんは、ことばが対象を指し示しているということがわかるのだろうか？

音と意味が自然につながっていて、それを赤ちゃんでも感じられる、ということが赤ちゃんの「気づき」の原動力になるのかもしれない。だから大人は赤ちゃんにオノマトペを多用するのではないか。

音と形の一致、不一致を赤ちゃんはわかるのか

ある対象(モノ)といっしょにことばの音声を聞いた時、赤ちゃんはそれをどのように認識しているのだろうか。まずこのことを調べたい。子どもに自分の考えをことばで表現してもらうことは、四、五歳くらいでも簡単ではない。ましてや話ができない赤ちゃんの認識をいったいどのように調べることができるのだろうか。

●赤ちゃんの認識はどのように測れるのか

私たちは生後一一か月の赤ちゃんたちを対象に、赤ちゃんの脳の反応を調べることにした。この年齢の赤ちゃんは、知っていることばが非常に少なく、情報処理の能力も限られている。そのことばを聞いたことがあってなんとなく意味を知っていても、正しい対象をすぐに見つけることは難しい。例えばモニターにボールとバナナの絵を見せ、「ボールを見て」と言われてもすぐにボールを見ることができない。実は、「ボールを見て」と言われてボールを見るために必要な情報処理は、かなり複雑である。

(1)　この文を単語に切り分けて「ボール」ということばを取り出す。
(2)　自分の記憶貯蔵庫にある「ボール」という音の列と照合する。
(3)　さらに、その音と結びついたモノのイメージにアクセスして、今見ているモノが自

分の記憶にあるイメージと「同じ」かどうかを判断する。

(4) 前記の判断に基づいて、「ボール」と判断した対象を見る。「見る」という行為自体、眼球を動かして対象に視線を向け、駐留させる、という運動制御も必要である。

このように「ボールを見て」に正しく反応するためには複雑な情報処理が必要で、「ボール」ということばを知っているか否かということ以前に、一一か月の赤ちゃんには情報処理能力の点からハードルが高い。

このような時、発達心理学者がよく用いるのは脳の反応をみることである。脳の情報処理は電気信号の伝達で行われる。外界から視覚情報や聴覚情報が入ってきた瞬間から、脳の情報処理のタイムラインに沿って、脳の様々な部位での電気信号が変化する。この変化を脳波として見ることが可能である。しかもこの脳の反応(脳波)は、赤ちゃんが指示に従って対象を見たり、取ったりという、特別な行動をとる必要がなく、脳の情報処理に運動制御などの余分な負荷がかからない状態で赤ちゃんの認識を調べることができるという利点がある。

もうひとつ、脳波を使ったこれまでの研究で面白いことがわかっている。一歳をすぎた赤ちゃんに、知っている単語を聞かせ、モノを見せた時、モノが単語と合っている時と、合っていない時で、違う脳波のパターンが見られるのだ。例えば「イヌ」という音なのに、絵はネコの絵だとする。すると、「イヌ」という音と同時にイヌの絵を見せられた時に比べ、音の始まりから〇・五秒くらいたったところ(四〇〇ミリ〜六〇〇ミリ秒)で、左右の脳の境界部

（頭の左右中央）に沿った部分の電位が下がる。これは、大人でも単語と指示対象が不整合だったり、文脈に合わなかったりした時に見られる反応で、一般的にN400と言われる（Nはネガティヴ（陰性の電位変化）、400は四〇〇ミリ秒）。つまり、赤ちゃんが音声を「ことば」と思い、ビジュアル刺激（見ているモノ）をそのことばが指し示す対象として「おかしい」と思うとこのような反応が見られるのである。これを踏まえて筆者らは、赤ちゃんの脳波を認識の指標とした実験を行った。

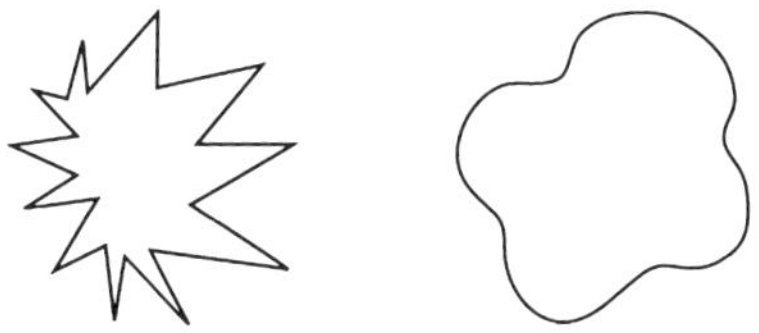

図6-3　どっちが「もま」？
どっちが「きぴ」？

●「もま」と「きぴ」の「意味」を赤ちゃんはわかる？

図6-3の二つの図形のうち「もま」はどっちで、「きぴ」はどっちだろうか？　たいていの人は丸い方が「もま」で尖っている方が「きぴ」であると直観的に感じる。この直観は日本人の私たちだけではなく、世界中の異なる言語話者の間で共有されているようである。この直観的な音と形のマッチングを、一一か月の赤ちゃんも感じることができるのだろうか？

このことを調べるため、赤ちゃんにことば（音）と対象の組み合わせを次々と提示していった（図6-3）。そのうちの半分は「合っている」組み合わせ（丸い形に「もま」、尖った形に「きぴ」）で、残りの

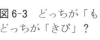

半分は「合っていない」組み合わせ（丸い形に「きぴ」、尖った形に「もま」）である。合っているペアと合っていないペアは規則性を持たないようにランダムな順序で提示した。私たちはこのように予測した。音と形が合っているか合っていないかが赤ちゃんにわかるのなら、二つのケースで違う脳の反応が見られるはずだ。

実際、この予測は正しかった。しかも、それだけではなく、なんと、「合っていない」組み合わせを提示した時には大人が「イヌ」という音を聴いてネコの絵を見た時と同じような「N400」の反応が見られたのである。まだほとんどことばを知らない一一か月の時点で、赤ちゃんは人が発する音声が何かを指し示すものだと思っている。しかも、「音に感覚的に合う」モノが単語を指し示す対象であると思っている。だから単語の音声が音に合わないモノと対応づけられると違和感を覚える。この実験によって、こういう可能性が浮かび上がってきたのである。

●複数の感覚をまたがるマッチング

そもそも赤ちゃんは、そして私たちも、どうして音と形が「合う」「合わない」がわかるのだろうか？　この問いを突き詰めていくと、実はオノマトペがどうしてオノマトペなのか、という問題にたどりつく。「音」というのは聴覚情報で、「形」は視覚情報である。脳は視覚、聴覚、触覚、嗅覚など異なる種類の感覚情報を、それぞれ別の部位をハブ（拠点）にした別々のネットワークで処理している。しかし、異なる種類の感覚がどのように対応づけられ、統合されるかというのは現在の心理学の最先端の研究テーマであり、証拠十分なしっかりした答えはだれも持っていない。ただ、赤ちゃんの時には脳(の皮質)での機能分化が十分でなく、それぞれの感覚を処理する脳のネットワークが混線しているので、異なる種類の感覚間で対応づけが自然に起こりやすい、という仮説が有名な発達神経科学者から提案され注目されている。実際、私たちの実験結果はこの仮説の証拠とはならないまでも、この仮説と矛盾はしない。もしこの仮説が正しいとすると、次のようなことが言えるのかもしれない。赤ちゃんの脳では、異なる種類の感覚の間でネットワークが混線することによって視覚の刺激と聴覚の刺激の間が対応づけられ、その結果、音と視覚の間に自然に類似性を感じる。この経験が、「人が発する音には意味がある」という直観を赤ちゃんにもたらす。だから生後一一か月の赤ちゃんは初めて聞いた単語(音)でも、それに合った形と合わない形を識別し、合っている形をその単語の対象と自然に思ってしまったのかもしれない。

オノマトペは意味のコアを見つけるのを助ける

赤ちゃんが特に訓練をしなくても音とモノのマッチングができることは確かなようである。しかし、対象がひとつ見つかるだけでは厳密には「ことばの意味」を学んだことにはならないし、そのことばを使うことができない。ことばを使うためには、最初に結びつけられた指

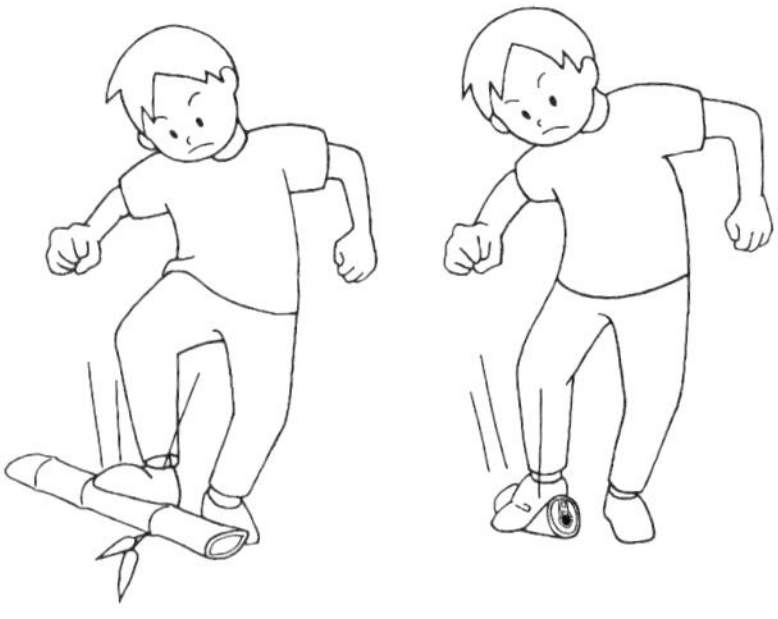

図6-4　「踏む」(左)と「つぶす」(右)

示対象だけではなく、他のどの対象にもそのことばが使えて、どの対象には使えないのかを見究められなくてはならない。

　これはなかなか難しい問題である。特に動詞にとっては難しい。というのは、動詞は主に動作や行為を指すが、動作・行為には必ずモノ（動作主、動作対象、道具など）や背景が含まれる。例えば図6-4の左のイラストは「竹を踏んでいる」と言い、右は「カンをつぶしている」と言うだろう。しかし実は二つのシーンは、足を対象に対して押し付けているという点でとても似ている。それにもかかわらず、「踏む」は「足で」下方向に力を加えることが意味のコア（中核）にあるが、「つぶす」の場合は力を加えるのは足でなくて手でもよいので、「足で」は意味のコアには含まれない。後者の場合には、力を加えた結果、もともと厚みのあったモノが平らに変形することが意味のコアとなるので、「モノに最初に厚みがある」ことがコアに含まれる。イラストのような一事例を見ただけでは大人でも到底この意味のコアにたどりつくことはできないだろう。

　図6-5のような登場人物一人の単純な動きを表す動詞でも簡単ではない。このシーンを見ている時に「ネケっている」という動詞（音と意味の間に関係がない新奇な動詞）を聞いたと

して、「ネケっている」は「ウサギがしている動き」という意味なのか、「歩いている」という意味なのか、「しこを踏むようにゆっくりのっそり足を交互に踏み出しながら歩く」なのか。その解釈によって、「ネケる」が使える範囲は大きく異なってくる。

実際、三歳くらいの子どもだと、図6-5のような動作を見ながら「ネケっている」という動詞を教えられ、その後でクマが同じ動作をしているシーンと、同じウサギが小またで小刻みに進んでいるシーンを見せられ、「ネケってるのはどっち？」と聞かれると、どちらかわからない。しかし、なんと「ノスノスしている」という、実際には存在しないオノマトペ動詞を教えると、クマが同じ動作をしている方を迷いなく選べたのだ。「ノスノス」には音と意味の対応があるため、意味のコアにたどりつくことができるのである。

図 6-5 「ノスノスしてる」

しかも、驚いたことに、この効果は日本人の子どもに限らないこともわかった。英語を母語とする子どもも、日本人の子どもと同じように動詞の学習にてこずり、図6-5のような動きに“fepping”のような音と意味の間に関係のない新造動詞を言うと、やはり違う人が同じ動作をするシーンと、同じ人が違う動作をするシーンのどちらにその動詞を使えるのかがわからない。英語ではオノマトペは日本語ほど豊富にないし、子どもたちは日本語のオノマトペもまったく知らないのだが、それでも“doing nosu-nosu”というと、クマがする同じ動作に新奇な動詞を一般化して使うことができた。人に注目するのか、動き方に注目するのか、移動する方向に注目するのかという曖昧性のある中で、オノマトペの音は子どもに自然に場面の中で注目するべき要素を教えるのである。

実際、大人(お父さん、お母さん、保育士さんなど子どもの身近にいる人たち)の子どもへの話しかけを分析すると、オノマトペを実に上手に使っている。例えば親子の発話を集めて記録したコーパスではこのような会話が報告されている[2](「バタン」「パタ」「パタン」はコーパスではひらがな)。

(1) 父親:あ、こけるよってか?
子ども:ん?
父親:バタンするよってか
(CHILDES Ishii コーパス、00.0)

「こける」という動詞に反応しなかった子どもに対してこのお父さんは「バタンする」というオノマトペを使って動詞を言いかえ、言いたかった意図を伝えている。しかし、もっと後になると同じ父親が

(2) 父親:このひと、どうしたん?
子ども:パタ・

父親：パタンした。

父親：うん、こけたんやねえ。　（同右）

と語りかけている。子どもがだれかがころんだ場面で「パタ」といったのを、「パタンした」というように動詞の形に言いかえ、さらに「こける」という一般動詞を追加して、子どもが動詞の形態に気づき、さらに大人が使う他の動詞（オノマトペではない一般動詞）があることに気づくのを助けているのである。

しかし、ひとつ注意しなければならないことがある。図6-5のような子どもに新奇の動詞を学習させる実験で使われた新造オノマトペは、事前に実験を行い、日本語話者と英語話者のどちらも動きに合うと評定したものを実験に使ったのである。日本人は「合う」と判断しても英語にはない音を使った新造オノマトペ動詞（例えば「ヒャイヒャイ」など）ではこうしたオノマトペは見られず、"fepping"のような音と意味につながりがない新造動詞と同じ成績であった。つまり日本語のオノマトペが他言語の話者にすべてわかるわけではなく（このことについては本書第五章も参照）、ことばの意味を学習する際のオノマトペの効果は、その言語の話者が音と意味のつながりを感じられることが前提になっているのである。

オノマトペが言語の発達になぜ役立つのか

子どもが言語を学ぶということは、単に単語の音とその単語が指示する対象の対応づけを覚えるということではない。言語が成り立っている様々な仕組みを自分で発見し、発見したことを使って自分で意味を作っていく方法を覚えることである。子どもが最初に発見しなければならないのは、自分がこれから覚えて使っていく言語の意味の単位は単語であること、単語は音の組み合わせから成り立っていること、単語はさらに単語の中心部（語根）とそれに付随する要素（接辞）に分解することができ、組み合わせを変えると規則的に違う意味を作ることができることなどである。子どもはこんなにたくさんのことを、ひとつひとつ、自分の力で学んでいかなければならないのだ。

子どもはオノマトペが大好きだ。オノマトペが感覚的でわかりやすいということだけではなく、場面全体をオノマトペ一つで表すことができること、声色や発話の速さ、リズムなどで人の感情を乗せやすいこと、劇場的な効果を作れることなどの理由による。オノマトペは子どもを言語の世界に引きつける。それによって子どもはことばに興味をもち、もっと聞きたい、話したい、ことばを使いたいと思う。それだけでもとても大事な働きだが、オノマトペに親しむことで子どもは言語の様々な性質を学ぶことができるのである。例えば次のような気づきがあるだろう。

（1）音と視覚情報の対応づけを感覚的に「感じる」ことによって、耳に入ってくる人が発する「音」が何かを「指す」ということに気づく。それは「ことばは意味を持つ」という気づきにつながる。

(2)オノマトペのリズムや音から、母語の音の特徴や音の並び方などに気づく(オノマトペには、一般語とほとんど変わらない音の特徴が含まれていることが、知られている)。

(3)母語特有の音と意味の結びつき(濁音の使い方や「は」「ぱ」「ば」の違い)を感覚的に覚える。これは大人になってオノマトペを効果的に創造的に使う、つまり新しいオノマトペを作っていくための基礎となる。さらに、単語が要素に分解できて、その要素を組み合わせて新しい意味を作ることができるということの気づきにつながる。

(4)たくさんの要素がありすぎる場面で、単語が指し示す部分に子どもが注目するのを助け、その意味を見つけやすくする。動詞や形容詞は、目の前に見える対象そのもののごく一部を切り取ったものが意味になる。動詞を学習する時には、動作主、動作対象、道具、背景などたくさんの要素から成る場面で動きや行為にだけ注意を向けなければならないし、形容詞はモノそのものではなく、触覚、模様、大きさ、重さなど、特定の特徴だけを取り出さなければならない。オノマトペはこのようなことを子どもに気づかせる。

絵本作家たちは、経験的になんとなくこのことを知っているのだろう。絵本も乳児向けのものはオノマトペだけが使われて、音を楽しむものが多い。例えば谷川俊太郎の『もこ　もこもこ』(一九七七年)という絵本は、「もこ」「もこもこ」「にょき」「にょきにょき」などのオノマトペが、なんだかわからない奇妙で面白いものが大きくなっていく様子を感覚的に伝えている。この「感覚」に子どもたちは夢中になる。もう少し大きい子どもが対象の絵本だと、オノマトペを効果的に文の中に使いながら、ことばを自分の身体感覚につなげて、それを楽しみながらストーリーを展開させている。子どもは好きなストーリーを何度も何度も、完全に覚えるまで聞きたがる。子どもの親や保育士など保育に関わる人たちが子どもの言語の発達段階に合わせて絵本を選び、読んであげる。あるいは日常の会話の中でも、先ほど紹介したお父さんのように、子どもに合わせてオノマトペを使う。この経験を通じて子どもはことばの楽しさ、ストーリーを読んでもらう楽しさを知り、オノマトペ以外の一般語彙や文法の仕組みを探究していくきっかけをつかむのである。

オノマトペはまた、文化を肌で感じる媒体でもある。言語は文化に根差したものであり、それぞれの文化で大事にすること、価値観に深く関わっている。子どもはオノマトペを覚えながら、何世代にもわたって蓄積した日本語の感覚、その背景にある日本の文化を身体感覚として自分の中に蓄えていくのである。

ちまたでは、幼児語やオノマトペは子どもの言語の「正しい発達」を妨げるという根拠のない言説もあるが、それは発達心理学の観点からはまったくナンセンスである。繰り返すが、子どもに直接言語を教えることはできない。言語は、子どもが自分でその仕組みを発見して覚えるしかない。そのとき、まわりの大人は乳児、幼児に上手にオノマトペを使うことで、言語の仕組みを子どもが発見するのを助けることができるのである。

引用文献

（1） 深田智「絵本の中のオノマトペ」篠原和子・宇野良子編『オノマトペ研究の射程』第一一章、ひつじ書房、二〇一三年。
（2） 鈴木陽子「インタラクションのなかで使われる「オノマトペ＋する」動詞」前掲『オノマトペ研究の射程』第一〇章、ひつじ書房、二〇一三年。

参考文献

今井むつみ・佐治伸郎（編著）『言語と身体性』（岩波講座　コミュニケーションの認知科学、第一巻）二〇一四年。特に三章、五章、一〇章。

今井むつみ・針生悦子『言葉をおぼえるしくみ――母語から外国語まで』ちくま学芸文庫、二〇一四年。

今井むつみ『ことばの発達の謎を解く』ちくまプリマー新書、筑摩書店、二〇一三年。

篠原和子・宇野良子編『オノマトペ研究の射程――近づく音と意味』ひつじ書房、二〇一三年。

佐治伸郎・今井むつみ「語意習得における類像性の効果の検討――親の発話と子どもの理解の観点から」前掲『オノマトペ研究の射程』第九章、二〇一三年。

後路好章『絵本から擬音語・擬態語・ぷちぷちぽーん』アリス館、二〇〇五年。

7　どうして赤ちゃん言葉とオノマトペは似ているの？

窪薗晴夫

赤ちゃん言葉の中には「ぽんぽん」(＝お腹)や「ぶぅぶぅ」(＝車、豚)のようにオノマトペから出てきたものが少なくない。お腹をたたくとポンポンという音がし、また車や豚はブーブーという音を出すから、「ポンポン」「ブーブー」というオノマトペ(擬音語)が存在するのであるが、これらのオノマトペがそのまま赤ちゃん言葉でも使われるのはなぜであろう。両者はどこが似ていて、どこが違うのか。また、オノマトペと赤ちゃん言葉は大人の言葉とどのように関係しているのだろう。その関係は日本語だけのものか、それとも英語などの他の言語にも見られるのだろうか。この章ではこれらの疑問を出発点として、オノマトペと赤ちゃん言葉の関係を分析し、両者が大人の言葉の基本構造を作り出していることを見ていくことにする。

赤ちゃん言葉とオノマトペの密接な関係

日本語にはオノマトペが多いと言われるが、赤ちゃん言葉が多いのも日本語の特徴である。

赤ちゃん言葉とは別名「幼児語」「育児語」とも言われるもので、英語ではmotherese(mother＋ese)、すなわち「母親語」と言う。

日本語の赤ちゃん言葉

a. わんわん(犬)、ぶうぶう(車、豚)、こんこん(咳)、ぽんぽん(お腹)、しっこ(小便)、うんち(大便)

b. はいはい(這うこと)、ないない(終わること、片付けること)、だっこ(抱くこと)、おんぶ(負ぶうこと)、くっく(靴)、ねんね(寝ること)、ぽっけ(ポケット)、ばあば(おばあちゃん)、じいじ(おじいちゃん)

この種の言葉は通常、赤ちゃんと大人の間でしか使われない。例えばお腹を意味する「ぽんぽん」は「のんちゃん、ぽんぽん痛い？」のように、幼い子どもとの会話でしか使われず、大人同士の会話で使われることは通常ない。赤ちゃんが「ぽんぽん」と言うから大人も「ぽんぽん」と言うのか、それとも親が「ぽんぽん」と話しかけるから赤ちゃんもそのまねをして「ぽんぽん」と言うのか。これは「鶏が先か卵が先か」という議論に似ていて、どちらが先かわからない。確かなことは「腹」や「おなか」より「ぽんぽん」の方が幼い子どもにとって言いやすいということである。日本語は「ぽんぽん」のような赤ちゃん言葉が発達しており、国語辞典にも多く記載されている。

日本語という言語において、オノマトペと赤ちゃん言葉が発達しているのは偶然のことではない。日本語はオノマトペが豊富な言語であるが、赤ちゃん言葉の中にはオノマトペに由来するものが数多く含まれている。オノマトペと赤ちゃん言葉が密接な関係にあるから、日本語には両方の語彙が多いのである。実際、日本語の赤ちゃん言葉には前述(a)のようにオノマトペに由来するもの(「わんわん、ぶぅぶぅ」など)と、(b)のように大人の言葉に由来するもの(「はいはい、おんぶ」など)の二種類がある。赤ちゃん言葉が発達しているからオノマトペも多くなるのか、オノマトペが多いから赤ちゃん言葉が豊かになるのか、これもまた「鶏が先か卵が先か」という議論であるが、日本語でオノマトペが豊かであることと赤ちゃん言葉が発達していることが、コインの裏表の関係にあることは確かである。

童謡にオノマトペがなかったら

オノマトペと赤ちゃん言葉の関係がもっともよく表れるのが子どもの童謡であろう。どの言語にも童謡は多いのであろうが、童謡にオノマトペが多いのは日本語の特徴である。例えば『犬のおまわりさん』(佐藤義美作詞)には「ワンワンワワン」「ニャンニャンニャニャン」、『おつかいありさん』(関根栄一作詞)にも「こっつんこ」「ちょんちょん」というオノマトペが出てくる。オノマトペがなかったらどのような歌詞になるのか想像がつかない。

統計的に見ても、日本語の童謡にはオノマトペが多く出現し、例えば『こどものうた絵本109曲』(ブティック社、二〇一四年)に収められた子どもの歌一〇九曲のうち、六三曲(五八

%)にオノマトペが現れる。そのほとんどが「ワンワン」や「ニャンニャン」のような擬音語である。

日本語の童謡にオノマトペが多いことは、他の言語との比較からもうかがえる。日本でもよく歌われている『森のくまさん』は、もともと英語の歌であるが、日本語訳(馬場祥弘作詞)に出てくる「スタコラ　サッサッサノサ」「トコトコ　トッコトッコト」のようなオノマトペが英語の歌詞には出てこない。

形と意味

ではオノマトペと赤ちゃん言葉は、具体的にどこが似ていて、どこが異なるのであろう。共通点としてすぐに気がつくのは「ぽんぽん」や「わんわん」のような反復形が多いということである。オノマトペの場合には二モーラの語基をベースにして、それに「り」「ん」「っ」を付ける「バタリ、バタン、バタッ」のパターンか、二モーラ語基を繰り返す「バタバタ」のパターンが典型的である(モーラとは指折り数える際の長さの単位であり、俳句を五七五、短歌を五七五七七と数える時の単位である。「ぽ」や「わ」だけでなく「ん」や「っ」も一つに数えられる)。「ぽんぽん」「わんわん」のようなオノマトペ派生の赤ちゃん言葉に反復形が多いのは当然かもしれないが、「はいはい」「ないない」のように大人の言葉に由来するものにも反復形が多い。「寝る」や「靴」から派生した「ねんね」「くっく」のような語にも反復語に近い形が現れる。

バタ→a. バタリ、バタン、バタッ
　　→b. バタバタ

このような形態的な共通性とは逆に、文の中での使い方（品詞）はオノマトペと赤ちゃん言葉の間に違いが見られる。オノマトペは大人の言語において副詞として使われることが多いが、赤ちゃん言葉は名詞が主流である。例えば「ぽんぽん」や「わんわん」が、オノマトペでは動詞を修飾する副詞として使われるが、赤ちゃん言葉では「お腹」や「犬」を意味する名詞として使われている。オノマトペの中でも物事の状態を表す擬態語（パサパサ、ピカピカ、ギラギラなど）は、「パサパサのご飯、ピカピカの服、ギラギラの目」のように「の」を伴って形容詞のように振る舞ったり、「パサパサだ、ピカピカだ、ギラギラだ」のように「だ」を伴って形容動詞のような振る舞いを見せることもあるが、赤ちゃん言葉と違って名詞として使われることは少ない（アクセントの違いについては後述する）。

オノマトペ（副詞）	赤ちゃん言葉（名詞）
豚がブーブー鳴く	ぶうぶう（豚）
犬がワンワン吠える	わんわん（犬）
お腹がポンポン鳴る	ぽんぽん（お腹）

もっとも、赤ちゃん言葉が名詞だけであると断定できるわけではない。一歳～二歳の間は

一つの単語で文を作る一語期と呼ばれる時期であり、この時期の赤ちゃん言葉は単語自体が文でもある。同じ「ぶうぶう」という発話が、単に「豚」という名詞を意味する場合もあれば、「豚がいた」「豚を見たい」「豚が鳴いた」などの文の意味を持つこともある。赤ちゃん言葉が持つ文法的機能は単純ではない。

オノマトペと赤ちゃん言葉の長さ

次に音韻構造を見てみると、オノマトペと赤ちゃん言葉の共通点が浮き彫りになる。まず長さを比較してみると、オノマトペは三~四モーラの長さのものが多く、具体的には「バタン」のような三モーラのものか、「バタバタ」のような四モーラのものが主流である。三モーラのオノマトペは、実際には「バタリと」「バタンと」「バタッと」のように「と」を伴って現れるから、「と」まで含めると「バタバタ」と同じ長さになる。

a. 木がバタリと／バタンと／バタッと倒れた
b. 木がバタバタ倒れた

赤ちゃん言葉もよく似た長さを持つ。オノマトペから出てきた赤ちゃん言葉は、反復形であれば「わんわん」「ぶうぶう」のように四モーラの長さを持ち、そうでなければ「しっこ」「うんち」のように三モーラの長さを持つ。オノマトペから出てきたからオノマトペと同じ特徴を持つのは当然のことであるが、「シーシー」「ウンウン」のような反復形オノマトペから「しっこ」「うんち」といった三モーラの赤ちゃん言葉が出てくるのは興味深い。

大人の言葉から派生した赤ちゃん言葉でも同じことが言える。大人の言葉は二モーラ(靴、抱く、寝る、這う)、三モーラ(負ぶう)、四モーラ以上(おばあちゃん、おじいちゃん)と長さが多様であるが、それらが赤ちゃん言葉になると三モーラか四モーラの長さに収まるようになる。四モーラのものが「はいはい」のような反復形である点も、オノマトペやオノマトペ派生の赤ちゃん言葉と似ている。

大人の言葉と赤ちゃん言葉

a. 二モーラ→三モーラ　靴→くっく、抱く→だっこ、寝る→ねんね
b. 三モーラ→三モーラ　負ぶう→おんぶ
c. 二モーラ→四モーラ　這う→はいはい、ない→ないない
d. 四モーラ以上→三モーラ　おばあちゃん→ばあば、おじいちゃん→じいじ

ちなみに、オノマトペには「バタンバタン」のように、三モーラの「バタン」が反復して六モーラの長さとなるものもある。「バタン」は「バタンと倒れる」のように「と」が必要であるが、「バタンバタン」は「と」がなくても文中に現れることができるから(バタンバタン倒れる)、「バタンバタン」の方が「バタン」より自立性が高いことがうかがえる。その一方で、「バタンバタン」などの六モーラの反復形は「バタバタ」のような四モーラ反復形とは性格が異なる。同じ反復形でも四モーラのものは「**バ**タバタ」のようにアクセントが一つ

にまとまるが、六モーラのものは「バタン　バタン」とまるで二語のような振る舞いを見せる（**太字**は高く発音されるところ、その直後で急激に下がることを表す）。六モーラのオノマトペはアクセントから見ると、一語ではなく二語であることがわかる。赤ちゃん言葉は基本的に一語であるから、二語として振る舞う「バタンバタン」のような六モーラ語が赤ちゃん言葉に見られないのは不思議なことではない。

このように赤ちゃん言葉もオノマトペも三〜四モーラの長さに収束するのであるが、面白いことに、同じ傾向が大人の言葉にも見られる。日本語には一モーラから一〇モーラを超える長さの語まで様々な長さの語が存在するが、辞書を丸ごと調べてみると、四モーラの語がもっとも多く、その次に多いのが三モーラ語である。この二種類だけで六〇％以上を占めている。赤ちゃん言葉とオノマトペの特徴が大人の言葉にも引き継がれている感がある。

一モーラを避ける

ここで反復形の語に注目すると、さらに面白い事実が見えてくる。反復形のオノマトペは「バタバタ」のように二モーラの語基が繰り返される構造を持っているが、既にみたように、これは反復形の赤ちゃん言葉（わんわん、はいはい）でも同じである。日本語の基本的な音声単位は一モーラではなく二モーラであることが知られており、この特徴がオノマトペの語基にも現れている。

同じ特徴が実は大人の言葉でも見られる。大人の言葉では「手」や「目」のように一モーラの長さのものも珍しくないが、日本語は様々な方法で一モーラの語を避けようとする。例えば数字の発音では2や5を「ニー」「ゴー」と二モーラの長さに伸ばし、曜日の場合も「火」「土」を「カー」「ドー」と伸ばす。十二支も本来短いはずの「子、卯、巳、亥」を「ネー、ウー、ミー、イー」と伸ばして発音する。

a.　数字　五七五（俳句のリズム）、二・二六事件、五・一五事件、０《オー》１５７（食中毒）
b.　曜日　月火、火水、火土、金土
c.　十二支　子、丑、寅、卯、辰、巳、午、未、申、酉、戌、亥

普通の名詞も、母音を伸ばしたり、「お」を付けたり、後ろに何か付けたり、単語を言い換えたりして、一モーラの長さを避けようとする。標準語では母音を伸ばすことは少ないが、関西弁などの方言では「手、目、毛、血」などを「テー、メー、ケー、チー」と母音を伸ばして発音する。日本語は様々な方法で一モーラの単語を避けて、二モーラの長さを保とうとしていることがわかる。

a.　母音を伸ばす　背→せえ、背比べ→せえくらべ
b.　「お」を付ける　酢→お酢、麩→お麩、湯→お湯
c.　別の要素を付加する　名→名前、子→子ども、尾→おっぽ（しっぽ）、世→世の中、田→たんぼ、荷→荷物、根→根っこ、葉→はっぱ、野→野原

d. 単語を言い換える　屁→おなら、身→からだ(体)

短縮の基本形も二モーラ

二モーラは、単語を短くする際にも基本形となる。最近の若者言葉に見られる「マクる(マクドナルドに行く)」「コクる(告白する)」「コピる(コピーする)」などの新動詞や、「キモい(気持ち悪い)」「ケバい(けばけばしい)」「エロい(エロチック)」などの新形容詞は、元の語の頭から二モーラをとり、それに動詞・形容詞の語尾「る」「い」を付けたものである。二〇一六年の流行語大賞を獲得した「神ってる(神る)」という新動詞も同じ規則に従って作られている。一昔前の若者言葉も同じようにして「サボタージュ、アジテーション、駄弁」などの語から「サボる、アジる、ダベる」などの短縮語が作り出された(1)。

語頭から二モーラをとるという規則は、愛称を作る際にもよく使われる。小林さんや野村さん、桜井さん、恵さんに「こば」「のむ」「さく」「めぐ」という愛称がついたり、文子ちゃんや武くんが「ふみちゃん」「たけくん」と呼ばれるのもこの規則が適用された結果である。「スーさん(鈴木さん)」、「ヤーさん(やくざ)」、「さっちゃん(幸子)」「まあくん(将司、雅史)」という愛称では語頭の一モーラだけをとっているように見えるが、この場合でも母音を長くしたり「っ」を入れたりして、二モーラの長さを保持している。

このように、語頭から二モーラをとって短縮語を作るという規則は日本語に広範囲に見られるものであるが、その歴史はかなり長い。少なくとも室町時代の女房言葉にさかのぼることができ、宮中に仕える女性たちによって次のような新語が作られた。女房言葉が庶民の言葉と異なるのは、短縮形の語頭に「お」を付けたことくらいであろう。

鳴らし→おなら　　冷やし→おひや
むつき（襁褓）→おむつ　　ねしょうべん（寝小便）→おねしょ
つむじ→おつむ　　数々とりそろえたもの→おかず
でんがく（田楽）→おでん

語頭の二モーラをとるという原則は、複合語表現の短縮形にも見られる。古くは「八百屋の長兵衛」から「八百長」が、最近では「ポケットモンスター」から「ポケモン」という短縮形が作られたように、2＋2というのが長い表現を短縮する際の鉄則となっている。次の例からもわかるように、現代の日本語でも生産性の高い短縮規則である。

人名　しばりょう（司馬遼太郎）、かつしん（勝新太郎）、キムタク（木村拓哉）
地名　二子《にこ》玉《たま》（二子《ふたこ》玉川）、梅新（梅田新道）、天六（天神橋筋六丁目）
会社名　東芝（東京芝浦）、産経（産業経済）、ユニクロ（ユニーククロージング）
普通名詞　エアコン、リモコン、マザコン、ミスコン、合コン、生コン
句構造　ダントツ（断然トップ）、なつメロ（懐かしのメロディー）、ドタキャン（土壇場のキャンセル）、半ドン（半分ドンタク）

俳句や短歌に見られる五七五（七七）というリズムも、実は二モーラが四つ連続した八モーラが基調となっていると言われている。[2] 五七五の五と七は、それぞれ休止（ポーズ）まで含めると八モーラであり、二モーラがその基本単位となっているというのである。

このように二モーラという単位は、日本語の様々な現象の基本構造を成している。オノマトペや赤ちゃん言葉に二モーラの語基が使われているのも、この基本構造が根底にある。

「ばあば」の音節構造

オノマトペと赤ちゃん言葉は、三〜四モーラという点だけでなく、単語の中の構造においてもよく似た特徴を示す。語の長さを測る際には、モーラとならんで音節という単位も重要となる。音節とは母音を中心とした音のまとまりで、モーラと違い、長母音も短母音も同じ資格を持つ。また「ん」や「っ」は子音であるから音節を作ることはない。このため、東京(too.kyoo)と京都(kyoo.to)はともに二音節から成り、ニッサン(Nis.san)とホンダ(Hon.da)も同じ音節数である。

音節の観点から日本語のオノマトペと赤ちゃん言葉を分析してみると、ともに二音節語が多いことがわかる。三モーラのオノマトペには、「バ・タ・リ」「バ・サ・リ」のような三音節のものもあるが、現在使われているものの多くは「バ・タン」「バ・サッ」のように二音節のものが大半である。四モーラのオノマトペでは「バ・タ・バ・タ」「バ・サ・バ・サ」のような四音節のものや「ゆっ・た・り」「のん・び・り」のような三音節語も少なくないが、オノマトペの中でも赤ちゃん言葉と関連性が高い擬音語になると、「バン・バン」「ザー・ザー」のように二音節のものが主流となる。この特徴は赤ちゃん言葉も共有しており、オノマトペ由来のもの(ぽん・ぽん、しっ・こ)だけでなく、大人の言葉に由来する赤ちゃん言葉(くっ・く、まん・ま、はい・はい、ない・ない)もほとんどが二音節語である。

興味深いことに、二音節という特徴は日本語だけのものではない。英語を見ても、オノマトペや赤ちゃん言葉の基本形は二音節語、つまり母音を二つ含む語である。ちなみに英語の赤ちゃん言葉にも、オノマトペから派生したもの(peepee, poopoo)と大人の言葉から派生したもの(kitty＜cat、fishy＜fish、birdie＜bird、telly＜telephone、tummy＜stomach)の二種類がある。

a. 英語のオノマトペ
zig-zag(ジグザグ)、tick-tack(チックタック)、bow-wow(バウワウ=ワンワン)

b. 英語の赤ちゃん言葉
pee.pee(ピーピー=おしっこ)、poo.poo(プープー=うんち)
kit.ty(キティー=猫ちゃん)、fish.y(フィッシー=魚さん)
bir.die(バーディー=鳥さん)、tel.ly(テリー=電話)
tum.my(タミー=ぽんぽん)

赤ちゃん言葉のリズム構造

オノマトペと赤ちゃん言葉は二音節という構造だけでなく、リズム構造についても共通性を見せる。まず赤ちゃん言葉のリズムは、非反復形(三モーラ)の場合には「うん・ち」「ばあ・ば」「くっ・く」のような[長短]の構造であり、反復形(四モーラ)の場合には「わん・わん」や「ぶう・ぶう」「はい・はい」のような[長長]の構造である。この点でも、二種類の赤ちゃん言葉(オノマトペ由来のものと大人の言葉に由来するもの)の間に違いはない。ここで[長]と呼んでいるのは「わん」や「ばあ」のような二つのモーラから成る音節で、二つ目のモーラに「ん」や「っ」「ー」などの自立性の低い(語頭に立たない)モーラを含んでいる。一方、[短]は「ば」や「く」のような一モーラの音節である。

日本語の赤ちゃん言葉の構造

a. 長短　しっ・こ、うん・ち、だっ・こ、おん・ぶ、くっ・く、ねん・ね、ばあ・ば、じい・じ

b. 長長　わん・わん、ぶう・ぶう、こん・こん、ぽん・ぽん、はい・はい

二音節の組み合わせには[短長]という構造もありうるが、赤ちゃん言葉にはこの構造はまったく出てこない。「ば・ば」や「じ・じ」という[短短]の構造から「ばあ・ば」や「じい・じ」という[長短]の構造は作られても、「ば・ばあ」や「じ・じい」のような[短長]の構造は作ら

れないのである。反復形においても、赤ちゃん言葉の特徴は［長長］という二音節構造であり、［短短短短］という四音節の構造や［長短短］といった三音節構造は見られない。赤ちゃん言葉には［長短］と［長長］の二つの音節構造しか出てこないのである。このことは、『サッちゃん』(阪田寛夫作詞)という子どもの歌によく表れている。

「サチコ(sa.chi.ko)」というのは［子音＋母音］という基本的な音節構造を三つ繰り返した語であるから、子どもにも発音しやすいように思われがちである。一方、「っ」や「ん」などの音は「特殊モーラ」と呼ばれ、日本語教育などでは発音がむずかしいとされている。にもかかわらず、幼い子どもたちが「サ・チ・コ」ではなく「サッ・ちゃん」を好むのは、この語が「ぽん・ぽん」や「はい・はい」と同じく［長長］という構造を持っているからである。この違いは次のように図示するとさらによくわかる。「サッちゃん」の方がエネルギーの大小が繰り返されるリズミカルな構造を有している。

サチコ　◯◯◯　　サッちゃん　◯○◯○

オノマトペのリズム構造

ここまで赤ちゃん言葉の内部構造を見てみたが、オノマトペの場合にはどうであろう。オノマトペの基本形は既に述べたように「バタリ、バタン、バタッ」のような三モーラと「バタバタ」「バンバン」のような四モーラである。四モーラは反復形が多いが、オノマトペの中の擬音語には「バン・バン」や「ザー・ザー」のような[長長]の二音節語が多く、擬態語には「サ・ラ・サ・ラ」「キ・ラ・キ・ラ」のような[短短短短]の四音節語が比較的多い。オノマトペがしばしば擬音語から擬態語へ拡張するという傾向(バタバタ音がする→今日は忙しくてバタバタしていた)を考えると、オノマトペの基本的な構造は[長長]という二音節構造であり、それが[短短短短]という四音節構造へ拡張したと想像できる。このように考えると、赤ちゃん言葉とオノマトペはリズム構造もよく似ていることがわかる。

一方、三モーラのオノマトペの中で今でも生産的に出てくる「バ・タン」「バ・タッ」という語形は、同じ二音節構造ながら、[短長]という構造を持っている。これは先に述べた「ば・ばあ」「じ・じい」と同じ構造であり、赤ちゃん言葉にはまったく出てこない構造である。この点において赤ちゃん言葉とオノマトペは決定的な違いを見せるように思えるが、ここで、「バタン」や「バタッ」というオノマトペは文において単独では使われないことを想起されたい。既に述べたように、これらの三モーラオノマトペは「と」を伴って用いられる。「と」まで含めると、[短長短]という構造(バ・タン・と、バ・タッ・と)を有している。語末の二音節だけ見ると[長短]という構造であり、これは「まん・ま」「くっ・く」といった非反復形の赤ちゃん言葉が持つ構造と同じである。

日本語のリズム構造

面白いことに、オノマトペや赤ちゃん言葉に見られる［長短］、［長長］という構造は、この二種類の語彙だけに見られるものではなく、日本語の基本的なリズム構造を表したものでもある。例えば発音の変化を見てみると、「詩歌、富貴、夫婦」などの語は、一文字ずつ読むと「しか、ふき、ふふ」という［短短］という構造を持っているが、実際には最初の母音を伸ばして「しい・か」「ふう・き」「ふう・ふ」という［長短］の構造で発音される。［短長］の語はさらに厳しい制限を受け、「女王」が［短長］（じょ・おう）から［長長］（じょう・おう）へと変わる兆しを見せるだけでなく、「女房」は［長長］（にょう・ぼう）となり、さらに［長短］（にょう・ぼ）となりつつある。「気風」を「きっ・ぷ」と発音するのも［短長］が［長短］と変化したことをうかがわせる。

［長短］の構造を好む傾向は、アニメ『みなしごハッチ』の「ハッ・チ（は・ち）」や、黒柳徹子の自叙伝『窓際のトットちゃん』の「トッ・ト（て・つ・こ）」にも見られる。「巾着」から「チャッ・ク」（長短）という語が作られたのも同じ変化であろう。

［短長］を嫌い［長短］を好む傾向が明確に出てくるのが外来語の短縮である。外来語の短縮形には「テレビ（ジョン）」や「アニメ（ーション）」のような三モーラ形が珍しくないが、「デモンストレーション」や「ロケーション」「ギャランティー」が「デ・モン」「ロ・ケー」「ギャ・ラン」のような［短長］の三モーラ形になることはない。［短長］が生じそうな場合には二モーラ目までをとって［短短］の短縮形（デ・モ、ロ・ケ、ギャ・ラ）を作り出す。一方、［長短］の

三モーラ形に対する制限はなく、「ローテーション」「パーマネントウェーブ」「パンフレット」「ドンキホーテ」は「ロー・テ、パー・マ、パン・フ、ドン・キ」という三モーラ形に落ち着く。

野球や言葉遊びも長短

同じ現象が野球の声援にも見られる。プロ野球ではよく「かっとばせえ、松井、ピッチャー倒せよ！」という応援音頭が用いられるが、選手名が「矢野、阿部、嶋」といった二モーラの長さの場合、実際に出てくるのは「やあ・の、ああ・べ、しい・ま」という[長短]の構造であり、「や・のお、あ・べえ、し・まあ」という[短長]の構造ではない。後ろの母音ではなく前の母音を伸ばすことによって[長短]という構造が作り出されている。

最後に、ズージャ語と呼ばれる言葉遊びを見てみよう。これは、「ピアノ→ヤノピ」や「抜群→グンバツ」のように単語の最後と最初を入れ替えて隠語を作り出す言葉遊びであるが、この言葉遊びでも[長短]という三モーラ形は出てくるが[短長]という形は出てこない。[短長]をひっくり返して[長短]を作り出すことはあっても(う・まい→マイ・ウ、ご・めん→メン・ゴ)、[長短](パン・ツ)をひっくり返して[短長](ツ・パン)と言うことはないのである(「パン・ツ」は例外的に逆読みして「ツン・パ」[長短]となる)。

ズージャ語の場合にはさらに、二モーラの語(ジャ・ズ、キー)から[長短](ズー・ジャ、イー・

キ）という形が出てくる。けっして［短長］（ズ・ジャー、イ・キー）という語は出てこない。アニメ『ドラゴンボールＺ』では「魔人ブウ」が「ウーブ」という少年に生まれ変わったが、ここで使われているズージャ語でも、「ブウ」から「ウ・ブー」ではなく「ウー・ブ」という構造が作り出されている。

このように［短長］という構造を嫌い、［長短］や［長長］の構造を好むのは日本語の体質である。この体質が、オノマトペと赤ちゃん言葉にも表れている。見方を変えると、オノマトペと赤ちゃん言葉の基本構造が日本語の体質を作り、大人の言語の様々な現象に現れている。

アクセントの不思議

最後にアクセントについてオノマトペと赤ちゃん言葉を比較してみたい。日本語（標準語）が英語をはじめとする外国語と大きく異なるのは、平板型と言われるメリハリのないアクセント型を持つことである。例えば「東京」「アメリカ」といった語は、語頭で上がったピッチが語末まで下がらず、平坦に発音される。日本語にはこの風変わりなアクセント型が存在するだけでなく、そのアクセント型が名詞の半数以上を占めている。

これが日本語に特徴的なアクセント型なのであるが、不思議なことに、オノマトペと赤ちゃん言葉には、この単調な型がほとんど出てこない。赤ちゃん言葉の場合には平板型は皆無に近く、オノマトペから派生した語（**わ**んわん、**ぽ**んぽん、**し**っこ、**う**んち）だけでなく、大人の単語に由来する赤ちゃん言葉にも平板型は出てこない。「抱く」や「寝る」のような平板型の動詞から出てきた言葉でも「**だ**っこ」「**ね**んね」のようにピッチの下降が現れる。

ピッチが下がる位置も不規則ではなく、語末から三つ目か四つ目のモーラの直後に現れる。語末から数えるのは日本語アクセントの原則であるが、この語末から三〜四モーラ目という位置は、日本語（標準語）において平板型以外の語が示す基本的なアクセント型であり、例えば外国語から日本語に入ってきた言葉（外来語）に典型的に現れる（バナナ、ワシントンなど）。また「京都駅」や「東京銀行」などの複合語や、「ヒ**コ**ニャン（〜**ヒ**コニャン）」「ピ**カ**チュウ」をはじめとする新語にも表れることが知られている。[3] 赤ちゃん言葉のアクセント規則が、（平板型を除く）基本的なアクセント型として大人の言葉にそのまま引き継がれているようなのである。

ではオノマトペのアクセントはどうであろう。オノマトペの場合も、平板型のアクセントは後述するように特定の条件下でしか起こらず、基本は赤ちゃん言葉と同じアクセント特徴を示す。「バ**タ**リ、バ**タ**ン、バ**タ**ッ」のような三モーラオノマトペは例外のように見えるが、先述のように文中では「と」が必須であり、副詞全体の発音は「バ**タ**リと、バ**タ**ンと、バ**タ**ッと」というように語末から三つ目のモーラにアクセントが置かれる。これは「**ま**んま」や「**く**っく」といった三モーラの赤ちゃん言葉と同じアクセント型である。

四モーラのオノマトペでは、「**バ**タバタ、**パ**サパサ」のように語末から四つ目のモーラにアクセントが置かれるが，これもまた「わんわん，はいはい」という赤ちゃん言葉と同じアクセント型である。ちなみに，状態を表すオノマトペ(擬態語)では「パサパサのご飯」「このご飯はパサパサだ」のように平板アクセントが出てくることもあるが，これは「の」を伴って形容詞的に使われる場合や，「だ」が後続して形容動詞的に使われる場合である。特定の用法でしか出てこないアクセント型であり，また擬態語自体が擬音語の延長線上にあることを考えると，平板型はオノマトペのアクセントの中でも二次的なアクセント型と言える。

オノマトペと赤ちゃん言葉のアクセントが大人の言葉のアクセントに引き継がれているのは，日本語だけではない。英語も大人の言語では複数のアクセント型が観察されるが，その中で一番多いのは語末から二つ目の音節にアクセントを置く型である(ba.ná.na, ve.rán.da, A.ri.zó.na)[3]。これは，英語話者が日本人の名前や日本の地名を発音する時にも現れるアクセント型であるが(Ta.ka.há.shi, A.ki.ha.bá.ra)，英語の赤ちゃん言葉(pée.pee, póo.poo, kít.ty)やオノマトペ(zíg-zag, tíck-tack)も同じアクセント型を持っている。英語でも，オノマトペは赤ちゃん言葉と同じアクセント規則に支配されており，両者のアクセントが大人のアクセント体系の骨格を作っているようである。

この章ではオノマトペと赤ちゃん言葉の言語構造を比較しながら，大人の言葉との共通性を探ってみた。両者は文法的機能(品詞)という点では顕著な違いを見せるが，音声構造においては酷似している。三～四モーラの長さに収まる点や、［長短］や［長長］という構造を好む点、アクセント構造など、両者の共通性は高い。両者は、コインの裏表の関係にあると言ってよい。また、これらの音声特徴はオノマトペと赤ちゃん言葉にだけ見られるものではなく、大人の言語にも引き継がれている。大人の言語はオノマトペや赤ちゃん言葉には見られない多様な音韻構造（リズム構造、アクセント型）を示すが、中心的な構造はオノマトペ・赤ちゃん言葉と同じである。オノマトペと赤ちゃん言葉が、大人の言語の骨格を作っていると言って過言ではない。

引用文献

（1）窪薗晴夫『新語はこうして作られる』岩波書店、二〇〇二年。

（2）別宮貞徳『日本語のリズム』（講談社現代新書三九〇）、講談社、一九七七年。

（3）窪薗晴夫『アクセントの法則』（岩波科学ライブラリー一一八）、岩波書店、二〇〇六年。

8 「モフモフ」はどうやって生まれたの？

坂本真樹

「モフモフ」はいつから？

「モフモフ」をGoogle検索すると、「もふもふ動画」など以下のような例が、六二五万件もヒットする。

「もふもふもふ。癒され、かわい、ねこ集合ー！」(NAVERまとめ)

「もふもふで最高に可愛い動物三〇選（犬、猫、ウサギ他画像）」(ailovei)

しかし、二〇〇七年に出版された小野正弘氏他による『日本語 オノマトペ辞典』には、四五〇〇語の擬音語・擬態語が収録されているが、「モフモフ」は収録されていない。当時は、現在ほどには一般的な言葉ではなかったようである。一方で、宇野良子氏らがウェブコーパスを調査したところ、二〇〇六年から二〇〇九年に使用頻度が多かった新動詞の上位九〇〇語の中に「モフる」があったとしている(1)。また、「モフる」は「モフモフ」から作られた新動詞であるとし、「モフモフ」の意味として、「犬・猫の毛や類するものの感触」、「スコーンやメロンパン等の食感」、「魚やゲームキャラクターなどが緩慢に動く様子」が挙げられている。「肉球の隙間に毛がモフモフしています。」というように使う。

そもそも「モフモフ」がいつ生まれたのか、については諸説あり、誰が、いつ、どこで、初めて使ったのかを特定することは難しいが、コミックでの使用が早そうである。

筆者の知る限りでは、例えば、武井宏之氏による『シャーマンキング』の一四巻（二〇〇一年）で、ハオがパンを食べる音として「モフモフ」が使われている。また、高橋弥七郎氏による『灼眼のシャナ』というライトノベルの五巻（二〇〇三年）でも、主人公のシャナが

> まず『カリカリな部分』を少し食べて、次に現れた『モフモフな部分』をパンの円を直線に削るように食べる。そうしてまた少し『カリカリ』を、また次に『モフモフ』を順に食べる。こうすることで、バランスよく双方の感触を味わえる。

と語っている例がある。どうやら、「モフモフ」は、パンを食べる音やパンの何らかの特徴を表す表現として使われ始めた可能性がある。

今主流になっている動物に対するモフモフの使用は、二〇〇三〜〇四年ごろに2ちゃんねるで「もふもふ;´∀`;可愛い」「もっふ」と遊ぼう!」といった形で見られ始め、ついに、二〇一〇年女子中高生ケータイ流行語にエントリーされた。現在「モフモフ」と検索すると、パンに対してよりも、動物について使われている事例が多い。とすると、動物について既存の言語表現では伝えきれない何らかの特徴を伝える上で、このオノマトペがまさにはまった

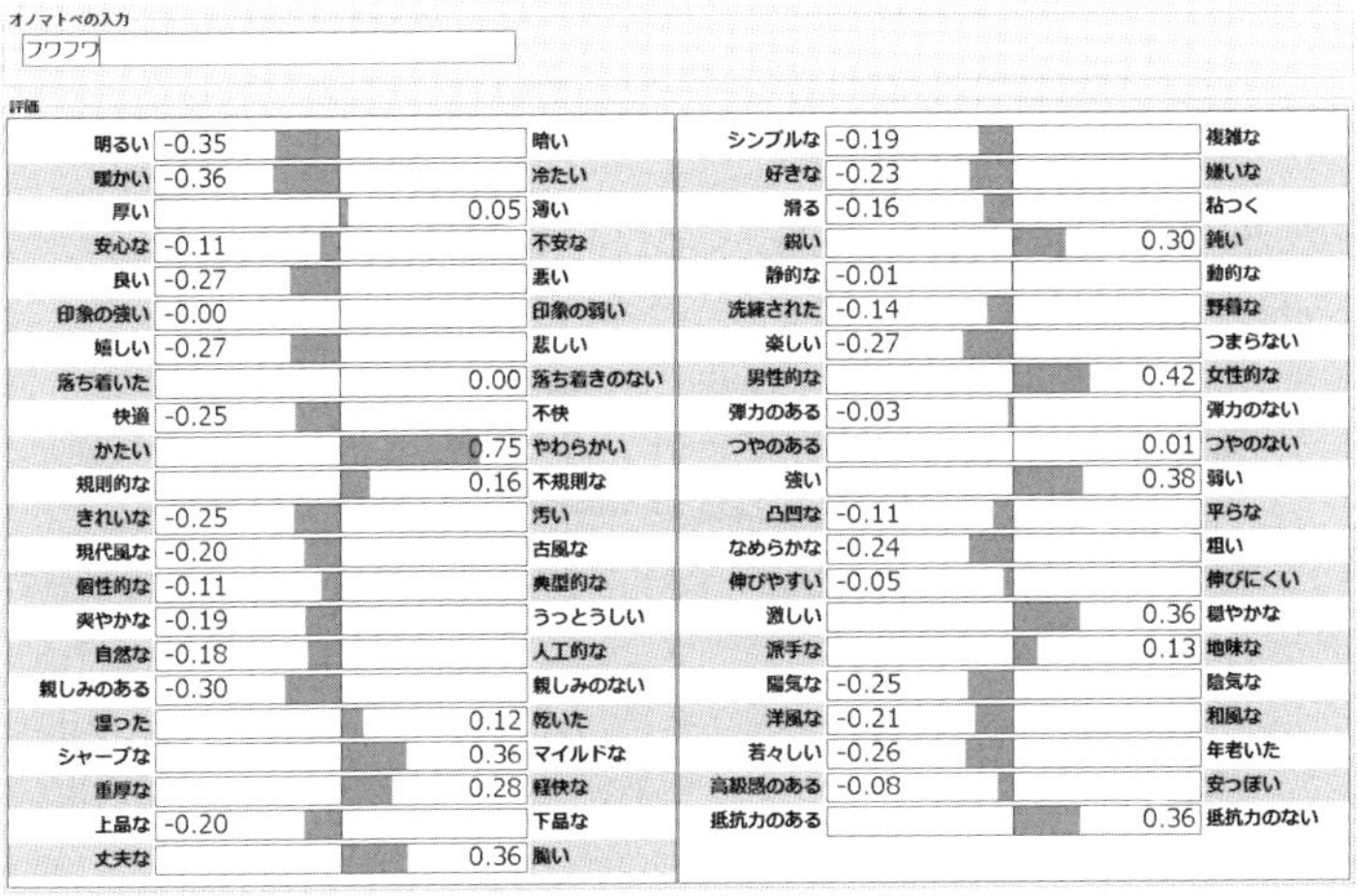

オノマトペの入力
フワフワ
評価
明るい -0.35 暗い
暖かい -0.36 冷たい
厚い 0.05 薄い
安心な -0.11 不安な
良い -0.27 悪い
印象の強い -0.00 印象の弱い
嬉しい -0.27 悲しい
落ち着いた 0.00 落ち着きのない
快適 -0.25 不快
かたい 0.75 やわらかい
規則的な 0.16 不規則な
きれいな -0.25 汚い
現代風な -0.20 古風な
個性的な -0.11 典型的な
爽やかな -0.19 うっとうしい
自然な -0.18 人工的な
親しみのある -0.30 親しみのない
湿った 0.12 乾いた
シャープな 0.36 マイルドな
重厚な 0.28 軽快な
上品な -0.20 下品な
丈夫な 0.36 脆い
シンプルな -0.19 複雑な
好きな -0.23 嫌いな
滑る -0.16 粘つく
鋭い 0.30 鈍い
静的な -0.01 動的な
洗練された -0.14 野暮な
楽しい -0.27 つまらない
男性的な 0.42 女性的な
弾力のある -0.03 弾力のない
つやのある 0.01 つやのない
強い 0.38 弱い
凸凹な -0.11 平らな
なめらかな -0.24 粗い
伸びやすい -0.05 伸びにくい
激しい 0.36 穏やかな
派手な 0.13 地味な
陽気な -0.25 陰気な
洋風な -0.21 和風な
若々しい -0.26 年老いた
高級感のある -0.08 安っぽい
抵抗力のある 0.36 抵抗力のない

図 8-1 「フワフワ」の出力結果

のだろう。

「モフモフ」との出会い

このような歴史をもつ「モフモフ」と筆者との出会いは、実はかなり遅かった。それは二〇一〇年ごろ、ある講演で、オノマトペが表す印象を数量化するシステムについて「フワフワ」の出力結果を使って説明していた時、聴衆から、「モフモフ、と入力してみてください」と言われたのが最初だった。後で詳しく紹介するが、このシステムは、「フ」や「ワ」といったオノマトペを構成している音やその順序などから、オノマトペが与える印象を数値化して予測するというものである。

「モフモフ」を知らなかった私は、どんな結果になるのだろうか？と少しドキドキ

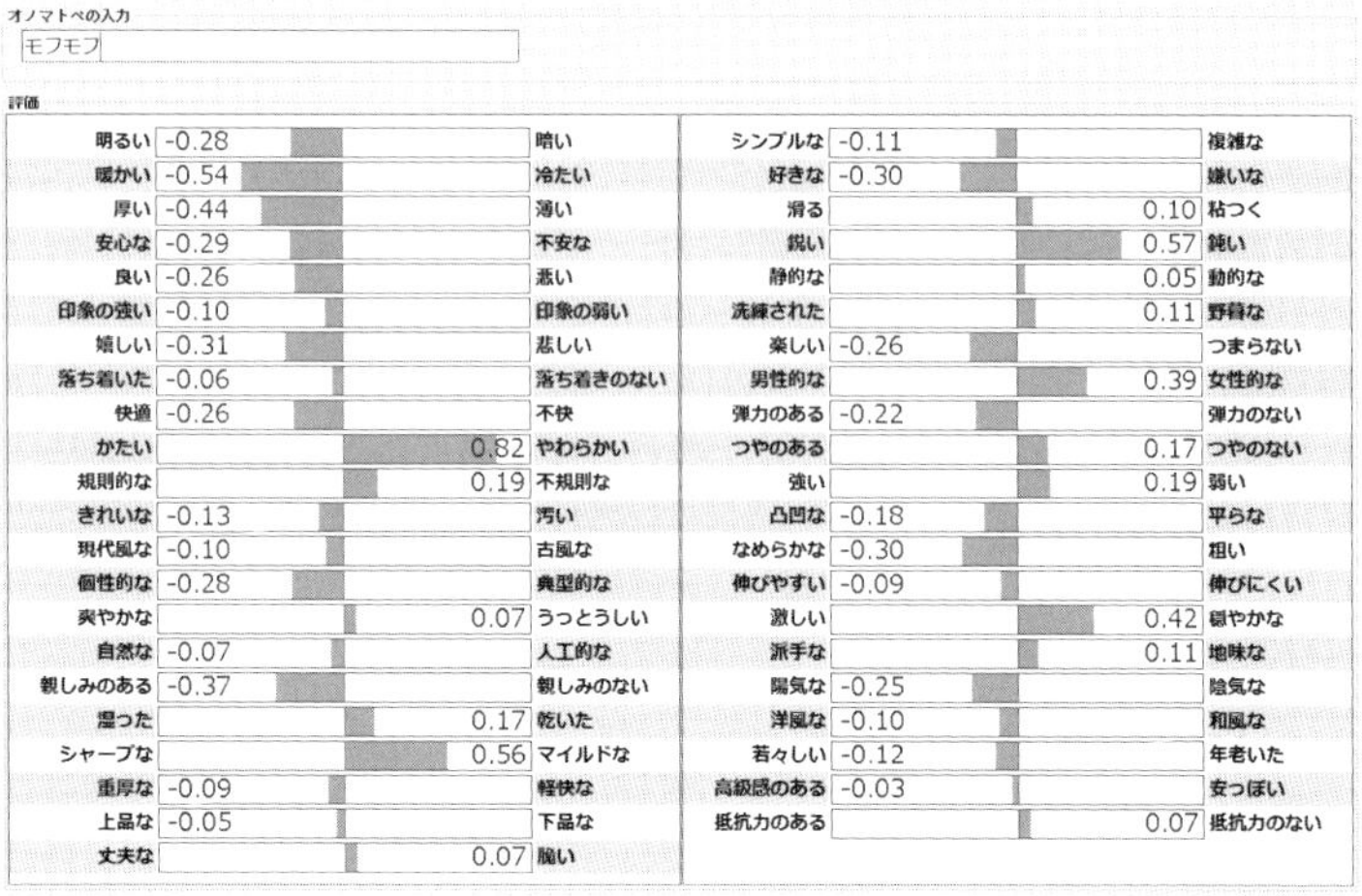

図8-2　「モフモフ」の出力結果

キしながら入力した。「フワフワ」と「モフモフ」はそれぞれ図8-1、図8-2のような出力結果になった。グラフが左右に長く伸びているところを見てほしい。

比較すると、「フワフワ」も「モフモフ」も、やわらかい印象が表される点が共通しているが、「フワフワ」の方がより弱く、抵抗力のない感じが表され、「モフモフ」は、暖かさや鈍さが表されるとともに、よりマイルドで親しみや好感度の高い感じも示されている。「犬・猫の毛や類するものの感触」、「スコーンやメロンパン等の食感」、「魚やゲームキャラクターなどが緩慢に動く様子」という実際に使われている「モフモフ」の意味と一貫性があることがわかる。

この出力結果は、「フワフワ」や「モフ

モフ」といった個々のオノマトペの印象を人に回答してもらって、その結果を棒グラフにしているわけではない。オノマトペを構成している音や形の特徴と印象の連想に関するデータを足し合わせて予測したものである。

浜野祥子氏は、一九九八年の著書(2)で、日本語のオノマトペで用いられる音韻や形態と意味の結びつきを紹介している。例えば、「ハ行」の音は弱く、やわらかい感じが表され、「マ行」の音は、よどんだ感じが表されるとされている。

ここで使ったシステムは、こうした現象を工学的に活用し、今後生まれるであろう新しいオノマトペが人にどういう印象を与えるかを数値的に予測するものである(3)。一つ一つの言語音や形態的特徴に結びつく印象を足し算していく、というシンプルな方法でも、丁寧な心理実験とデータ処理によって、人が抱く印象を高い精度で予測できる。この秘密について簡単に解説する。

音の印象のデータベース

オノマトペを構成している音や形の特徴と印象に結びつきがあるのなら、私たちの頭の中にも、言語音と印象の結びつきのデータベースがあるのかもしれない。そうしたデータを足し合わせることで、人がオノマトペから想起する印象を予測できるのではないか。そこで、人が言語音とどのような印象を結びつけているのかを特定するための調査を行った。

「モフモフ」が手触りや見た目から感じる印象を表す時に使われていることから、本章では、「かたい―やわらかい」といった手触りや「明るい―暗い」といった見た目と関連するデータベースをどのように作ったかについて説明する。感性的印象を四三種類の形容詞対で表し、これらを中心に言語音との結びつきについて調査した。

オノマトペの表すどのような印象でも推定できるようにするためには、日本語のすべての音韻を網羅するオノマトペを被験者に評価してもらわなければならない。しかし、オノマトペで最もよくある形態であるＡＢＡＢ型のオノマトペ表現（例えば「フワフワ」や「ジョリジョリ」など）を、すべての音韻を組み合わせて作成し、これに、「ティ」や「ファ」などの小母音、撥音《はつおん》「ン」・促音「ッ」・長音化「ー」・語末の「リ」といった特殊語尾を組み合わせると、万単位の組み合わせができてしまう。あまりたくさんのオノマトペの印象を被験者に聞くのは負担が大きく、また、よいデータは取れないため、被験者が回答しやすい三一二語のオノマトペを選んだ。

それらのオノマトペの印象を「明るい―暗い」などの四三項目に対して人に評価してもらった。一〇〇名程度から、場合によっては一〇〇〇名単位の被験者を対象に調査した。オノマトペを無作為順に一語ずつ提示し、四三項目ごとに、七段階でその印象を評価してもらい、ばらつきを調整し、最終的に回答の評価値の平均をそのオノマトペのデータとした。

こうして得られたオノマトペの印象評価値から、オノマトペを構成する音韻とオノマトペ全体の印象の関係を求めなければならない。これには、言語のような定性的なデータを数量的に扱うために用いられることのある、数量化理論I類という統計処理を行った。この処理を行うと、表8-1のように、各音韻が、オノマトペの印象にどのように影響を与えるかを数値化することができる。この数値こそが、音韻要素がオノマトペ全体の印象に与える影響の大きさを示しているのだ。

表8-1 音韻要素がオノマトペの印象に与える影響の大きさ

評価尺度			明るい—暗い	暖かい—冷たい	かたい—やわらかい	湿った—乾いた	滑る—粘つく	凸凹な—平らな
第一モーラ	子音行の種類（X_1）	カ行	−0.13	0.16	−0.82	0.62	−0.19	−0.06
		タ行	−0.06	0.21	−0.07	−0.74	0.04	0.31
		ナ行	0.99	0.06	0.66	−1.18	0.72	−0.13
		ハ行	−0.38	−0.28	0.29	0.49	−0.18	0.13
		マ行	−0.27	−1.13	1.11	−0.32	0.62	−0.60
	濁音の有無（X_2）	なし	−0.31	−0.08	0.14	0.33	−0.30	0.36
		濁音	0.78	0.18	−0.39	−0.46	0.62	−0.68
		半濁音	−0.66	−0.13	0.48	−0.68	−0.15	−0.22
	母音の種類（X_4）	イ	0.044	0.68	−0.08	0.17	0.18	0.18
		ウ	0.04	−0.11	0.55	−0.32	0.02	0.22
		エ	0.71	0.42	0.16	−0.50	1.09	0.15
定数項			3.86	3.89	4.43	3.63	3.72	3.37

例えば、「ハ行の音」や「カ行の音」などがそれぞれどのような印象と結びつくかは以下のようにして特定できる。「ハ行」を使ったオノマトペ（「フワフワ」「ホワホワ」「ヘニョヘニョ」など）はやわらかい印象と評価される傾向があるということがわかると、「ハ行」はやわらかい印象への影響が強い、ということがわかり、「ハ行」には、やわらかいという印象値が与えられる。「カ行」を使ったオノマトペ（「カリカリ」「コリコリ」「コンコン」など）はかたい印象と評価される傾向があるということがわかると、「カ行」はかたいという印象への影響が強い、ということがわかり、「カ行」には、かたいという印象値が与えられる。私たちの頭の中にあるであろう言語音と印象の結びつきデータベースはこのようにして調べることができる。

オノマトペの印象を予測する

このようにたった三〇〇個程度のオノマトペについて、言語音や形態的特徴と印象の結びつきを調べておけば、数千万通りもありうる膨大な数のオノマトペが人に与える印象を計算することができる。例えば、「フワフワ」というオノマトペの印象は次のように計算される。「フワフワ」は、「フワ」の反復で、最初の音節は「ハ行」＋「ウ」、二つめの音節は、「ワ行」＋「ア」ということから、例えば、「かたい―やわらかい」という感性評価項目については、表8-1に示したような印象予測値の、X_1（一音節目：子音「ハ行」）、X_2（一音節目：濁音・半濁音無し)、X_3(一音節目：拗音無し)、X_4(一音節目：母音「ウ」)、X_5(一音節目：小母音無し)、X_6(一音節目：語尾無し)、X_7(二音節目：子音「ワ行」)、X_8(二音節目：濁音・半濁音無し)、X_9(二音節目：拗音無し)、X_{10}(二音節目：母音「ア」)、X_{11}(二音節目：小母音無し)、X_{12}(二音節目：語尾無し)、X_{13}(反復有り)と「定数項」の和として、六・二一と計算される。

印象予測値は、1から7までの七段階の印象評価値をもとに算出している(つまり7が満点のやわらかさとなる)ため、予測値六・二八は「かたい―やわらかい」(の七段階)の評価尺度で、「やわらかい」印象が強いことがわかる。実際に被験者が「フワフワ」の印象について「かたい―やわらかい」という評価項目を用いて回答した印象評価値の平均値が六・五四だったことを考えると、システムで予測した数値が実際の数値に近いことがわかる。なお、各音韻がどの位置で使われたものであるかの違いも考慮されているため、「フワフワ」と「ワフワフ」は違う結果になる。

新しいオノマトペに出会ったら

はじめに紹介したように、このようにして計算した「フワフワ」と新オノマトペの「モフモフ」の違いが、私たちの直感に合っているとすると、私たちが新オノマトペに出会った時には、言語音や形態的特徴と印象の結びつきの足し算をしているのかもしれない。実際、筆者は「モフモフ」を知らなかったが、「モフモフ」をシステムに入れてみるように頼まれた時、フワフワより暖かい感じに出るのかな、と感じた。「フワ」ではなく「モフ」だと言うだけで、こんなに微細な違いを感じ、表すことができる。私たちはすごいことを常日頃しているのかもしれない。頭の中に、言語音や形態的特徴と印象の結びつきデータベースのようなものを持っているからこそ、新オノマトペに出会うと、それらを瞬時に参照し、どのような意味なのかを感じることができ、そのオノマトペを使った人と感覚を共有できるのである。

すでに「モフモフ」を知っている読者には、新オノマトペに出会ったらどうなるか、実感がわかないかもしれないが、例えば、「ジョガジョガ」というまだ存在しないと思われるオノマトペに出会ったらどんな意味と思うか、想像していただきたい。

「ジョガジョガ」は、印象が強いオノマトペで、落ち着きがなく不快で、かたく、うっとうしく、シャープで下品、動的で男性的、強く、凸凹があり、粗く伸びにくく、激しいイメージを連想するだろうということがシステムの出力結果（図8-3）に示されている。さて、みなさんのイメージと一致しているだろうか。

この新オノマトペに加えて、「ガトッ」、「ジュカジュカ」、「ジョガリ」、「シリシリ」、「ズメズメ」、「チルチル」、「トギョトギョ」、「ノボー」、「ヒロヒロ」、「ボレボレ」、「モキュン」、「リギッ」、「ルキルキ」、「レトッ」、「ワネワネ」という新奇性の高いオノマトペや、「ガシガシ」、「ギュルギュル」、「クシャクシャ」、「ゴシゴシ」、「ゴワッ」、「サラッ」、「ザラッ」、「ジュルジュル」、「シャグシャグ」、「チュルチュル」、「ツヤツヤ」、「テロテロ」、「デコデコ」、

図 8-3 「ジョガジョガ」の出力結果

「トゲトゲ」、「ヌルッ」、「ネットリ」、「パリパリ」、「ピタッ」、「フモフモ」、「プニッ」、「プニュプニュ」、「ベチャベチャ」、「ペトッ」、「ペタッ」、「ボソボソ」、「ポワッ」、「ムニッ」、「モサッ」、「モワモワ」、「ワフワフ」といった、ある程度慣習的に使われているオノマトペについても、被験者に評価してもらった結果と、システムの推定結果を比較した。その結果、すべて統計的に有意な相関が見られた。

このことから、私たちは、新オノマトペでも慣習的なオノマトペでも、言語音と形態的特徴と結びつく印象を足し合わせてイメージしている可能性がある。

頭の中のデータベースはどう作られる？

私たちの頭の中に言語音や印象の結びつきデータベースがあるとすると、それらはどのようにしてできるのであろうか。

この背景には様々な可能性があるが、オノマトペの言語音や形態(繰り返しの有無など)と意味の間に、言語や文化を超えて普遍的な何らかの関係性が見られるという「音象徴性」が働いているのではないかと思う。音象徴性については、言語学や心理学で古くから研究が盛んに行われている。有名な例としては、無意味語の「マル(mal)」と「ミル(mil)」にそれぞれ同一の「机」という意味を与え、どちらが大きい机であると感じるかを選択させたところ、母音[a]を含む「マル」の方が大きいと感じるという結果がある。(4)

また、ブーバ・キキ効果という有名な現象を示した実験では、アメーバのような丸く広がりのある図形と星のようなとがった図形を被験者に提示し、「どちらがブーバでどちらがキキか?」と尋ねると、言語文化を超えて、様々な年齢性別の人が、おおよそアメーバ図形の方をブーバで、星形図形の方をキキと答える傾向があることが示されている。(5)「ブーバ」という音の響き、あるいは「ブーバ」と発音する時の口の開きとアメーバ状の図形の形状、「キキ」という音の響き、あるいは「キキ」と発音する時の口の狭め方と星形図形の形状に関連性を感じるためではないか、と考えられている。

このような、言語音と視覚的な形を対応付ける人の傾向については多くの実験で確認されているが、筆者は、言語音と触感覚の間も、ある程度普遍的な結びつきがみられるのではないかと考えている。国際会議で、様々な国の人に、やわらかい枕の中に入れるようなウレタン素材と硬い人工芝の素材を触ってもらい、「どちらがモマモマでどちらがゴガゴガか?」と尋ねたところ、約八〇%の人がウレタン素材を「モマモマ」、人工芝を「ゴガゴガ」と答えていた。(6)「モフモフ」から私たちが共通のイメージを持てるのは、生まれながらに持っている何らかの共通の能力、例えば、そのような言葉を発音する時にどの言語の話し手でも、必然的に口の開きが所定のものになることによるのかもしれない。

オノマトペの音や形と印象の関係が、言語的背景によらず一定であるとすると、日本語のオノマトペが表すイメージも、なんとなく日本語話者以外にも伝わってもよさそうであるが、実際には日本語のオノマトペの習得は日本語話者以外には難しいとされる。このことから、日本語のオノマトペの言語音や形態と印象の結びつきは、日本語を使う中で、経験を通して獲得されているとも考えられる。「ふわふわ」「ふにゃふにゃ」「ふかふか」というように、やわらかいものを表すオノマトペに「ふ」が使われるという経験、「もこもこ」「もわもわ」「もちもち」というように、暖かみのあるものに「も」が使われるという経験によって、「ふ」と「も」のイメージが形成されているという面もあるのであろう。

幼いころからたくさんのオノマトペに触れることで、言語音や形態と印象との結びつきが強固になる。そうすると、「モフモフ」という新しいオノマトペに出会っても、言語音と形態の印象を瞬時に組み合わせて、まざまざとイメージがわくようである。新しいオノマトペとの出会いを通して、それまで気づかなかった質感を発見できるかもしれないと思うと、日本語話者に生まれて、得をした気持ちになる。

人が新しいオノマトペを作る時

ここまでは、「モフモフ」のような新オノマトペに出会った時という視点から考えてきたが、そもそも、なぜ私たちは新しいオノマトペを作るのであろうか。どうやら私たちは、既存のオノマトペでは表せない感覚を表現したいという衝動に駆られると、新しいオノマトペを作ることがあるようである。

筆者はこれまで、触覚や視覚、味覚、聴覚を通して知覚した感覚を、オノマトペで表現してもらう実験を繰り返し行ってきた。被験者に、様々な素材を触ってもらったり、画像を見てもらったり、おいしい、あるいはおいしくないものを試飲・試食してもらったり、様々な効果音を聞いてもらったりして、感じたことを自由にオノマトペで表現してもらう実験である。ここでは、手触りをオノマトペで表現してもらった実験について紹介する。(7)

男女三〇人の被験者に穴のあいた箱に手を入れてもらい、触っているものが見えない状態(視覚を遮断した状態)で、利き手の人差し指の腹で紙や砂、人工芝、粘土など四〇素材の表面をなぞると押すという二つの動作で触れてもらった。各四〇素材に対し、三〇人の被験者から計一二〇〇通りのオノマトペが得られた。「せらせら」「しょろしょろ」「がにゅがにゅ」「しゃにゅっ」「にゅきにゅき」「ぴきんぴきん」「みゃりみゃり」など新オノマトペと言えそうなものも回答されている。

一二〇〇個のオノマトペのうちABAB型（さらさら等）の形態を持つものは一〇四七個あり、全体の約八七％を占めていた。そこで、ABAB型のオノマトペの音について詳しく解析した。ひとつのオノマトペをモーラ（五七五七七を数える時の拍に相当）ごとに母音と子音に分解して集計した。例えば、「さらさら」というオノマトペであれば、音素を[s][a][r][a]に分解し、別々に解析した。

また、実験では、オノマトペを回答してもらうとともに、各素材の手触りの快不快評価も行っており、ABAB型オノマトペが用いられた時の快不快の評価値の平均を基準値として、そこから統計的に有意に快と評価された時に用いられた音と、有意に不快と評価された時に用いられた音を特定した。その結果、母音では[a]と[u]が心地よい手触りの時に用いられやすく、[i]と[e]は不快な手触りの時に用いられやすいことがわかった。子音では、[s]と[h]が心地よい手触りの時に用いられやすく、[g]と[z]と[n]と[b]が不快な手触りの時に用いられやすいことがわかった。

心地よいと感じた時に一貫して選ばれる音と不快と感じた時に一貫して選ばれる音がある

ということは、感じたことをオノマトペで表す時に、人はでたらめに音を選んでいるのではなく、何らかのルールに基づいているものと考えられる。おそらく、頭の中にある音と印象のデータベースから、感じた印象を表すのに適切な音を瞬時に選択しているのであろう。音には、快不快印象だけでなく、やわらかい―かたい、など多様な印象が様々な度合で結びついているにもかかわらず、瞬時に自身の感覚を表現する音を選択しながら、時に新オノマトペを生み出す能力には驚くべきものがある。

新しいオノマトペを生成するシステム

人が頭の中に持っている可能性のある言語音や形態と印象の結びつきデータベースを使って、オノマトペから人が感じる印象を推定するシステムについて紹介した。それでは、このデータベースがあれば、人が「モフモフ」のような新オノマトペを作り出すように、機械が新オノマトペを生むことができるのであろうか。

実は、新商品の広告コピーや、小説や歌詞、コミックなどでのオノマトペの創作支援における活用を念頭に、オノマトペ自動生成システムを開発した(7)(実際には違う目的で使われることもある)。

難しい点は、新しいオノマトペを作る時に、日本語に含まれるすべての子音・母音・オノマトペ特有の形態を自由に組み合わせるとした場合、モーラ数が増えるにしたがって組み合わせ数は膨大な数となってしまうということである。そこで、言語音と形態の全組み合わせを作り、表したい表現を表せるオノマトペを探す、という方法は取らなかった。このように、全探索が不可能と考えられる問題に有効であることが知られている進化的計算のひとつである遺伝的アルゴリズムを用いた。

遺伝的アルゴリズム(GA)とは、生物が、交叉や突然変異と淘汰を繰り返しながら、環境に適合するように進化していく過程を模して作られた計算方法である。コンピュータ上に仮想生命を生成し、その環境に対する適応度を最大にするように進化の過程をシミュレーションすることによって、最適な解を探すことが可能になる。

ユーザは、表したい感覚や印象をシステムに「明るい―暗い」といった複数の(形容詞対による)印象評価値を入力する(図8-4)。その印象評価値を目的として遺伝的アルゴリズムでシミュレーションすると、その感覚や印象を最もよく表すことのでき

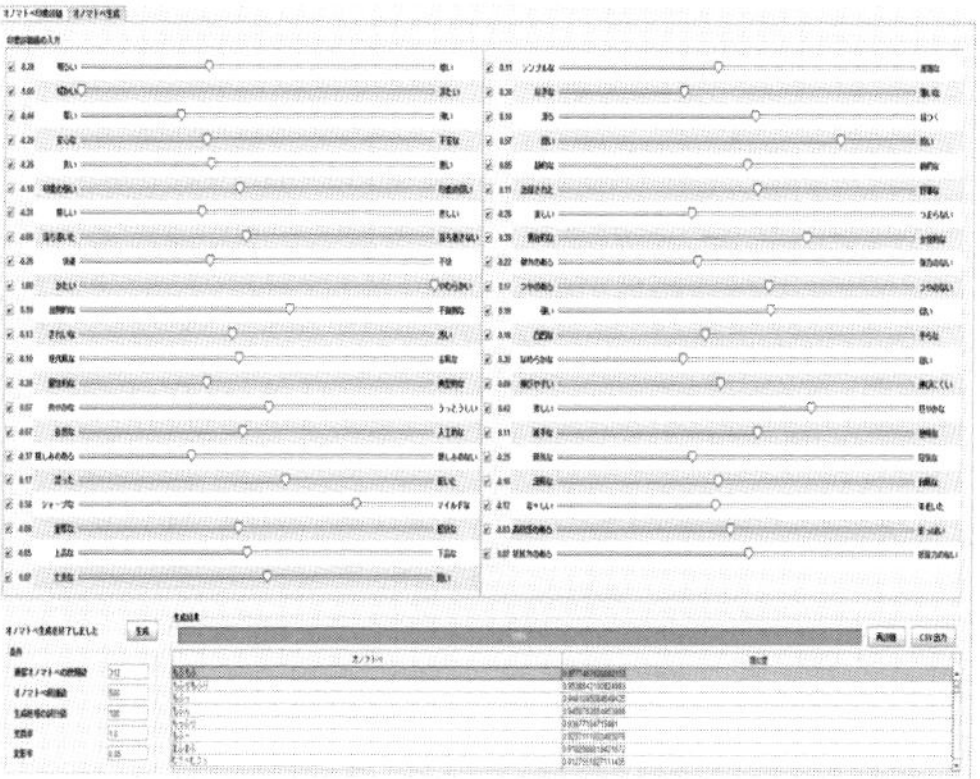

図 8-4 生成システムの解析結果．表したい感覚や印象を上部のスライダーで入力すると，それに適合したオノマトペ表現が下部に平仮名で出力される

るオノマトペを生成できる。

遺伝的アルゴリズムで、選択と淘汰を繰り返すことによって、最終的にユーザの印象評価値に適合したオノマトペ表現の候補が求められる。データベース等にあらかじめ登録されている既知のオノマトペから探しだすような辞書的なシステムではなく、オノマトペ数量化システムと連携させ適合度の評価に用いることで、ユーザの入力した印象評価値に適合した言語音と形態を持つオノマトペ表現を生成するのである。

例えば、「モフモフ」の数量化結果から、「モフモフ」よりもっとやわらかくて暖かい印象のオノマトペがないかを調べるために、やわらかさと暖かさを最大にして、生成システムにかけると、結果は、一位「モフモフ」、二位「モフリモフリ」、三位「モフッ」、四位「モフン」、五位「モッフリ」、六位「モフー」、七位「マフマフ」となった。一位のオノマトペは、入力された数値と類似度が九七％の新オノマトペであり、七位の新オノマトペでも九一％の類似度となっている。「モフモフ」よりもっとやわらかくて暖かいオノマトペを探してみたのであるが、やはり「モフモフ」は、最強なのかもしれない。

私たち日本人は、音節構造が単純な言語の話し手であることも手伝って、新しいオノマトペを自由自在に生み出せる。とはいえ、作ってみても共感が得られないと普及しない。具体的な感覚と結びつくことが必要なのであろう。「モフモフ」のような、「そうそう、そんな感じ」という新オノマトペの誕生が楽しみである。

引用文献

（1） 宇野良子・鍛治伸裕・喜連川優「ウェブコーパスの広がりから現れるオノマトペの2つの境界」篠原和子・宇野良子編『オノマトペ研究の射程』第七章、ひつじ書房、二〇一三年。
（2） Hamano, S., *The Sound-Symbolic System of Japanese*. Stanford: CSLI Publications, 1998.
（3） 清水祐一郎・土斐崎龍一・坂本真樹「オノマトペごとの微細な印象を推定するシステム」『人工知能学会論文誌』二九(一)、四一-五二、二〇一四年。(二〇一四年度人工知能学会論文賞受賞)
（4） Köhler, W., *Gestalt Psychology*, Liveright, 1929.
（5） Ramachandran, V.S., Hubbard, E.M., Synaesthesia: A window into perception, thought, and language. *Journal of Consciousness Studies*, **8**: 3-34, 2001.
（6） Doizaki, R., Watanabe, J. and Sakamoto, M., Automatic Estimation of Multidimensional Ratings from a Single Sound-symbolic Word and Word-based Visualization of Tactile Perceptual Space. ***IEEE** Transactions on Haptics*, DOI: 10.1109/TOH.2016.2615923, 2016.
（7） 清水祐一郎・土斐崎龍一・鍵谷龍樹・坂本真樹「ユーザの感性的印象に適合したオノマトペを生成するシステム」『人工知能学会論文誌』三〇(一)、三一九-三三〇、二〇一五年。

◆コラム　医療とオノマトペ

病院に行くと、「あなたが今までに経験した最も強い痛みを一〇とすると、今回の痛みの強さはどの程度ですか？」と聞かれることがある。しかし、虫歯のような神経に響くような痛みとおなかを壊した時の締め付けられるような痛みでは、痛みの「質」が違うため、痛みの「強度」としては比較できない。患者は、医師に主観的な痛みなどの症状を説明する際に、「きりきり痛い」、「ぎゅーっと痛い」といったオノマトペを使うことが多い。実はこのようなオノマトペには、痛みの強度と深さや広がりなどの質が同時に表される。

オノマトペを構成する音韻と意味の間に関係性が見られる音象徴性を活用することで、この章で紹介したオノマトペで表される意味を数量化するシステムの医療版ができる。痛みの強度と質を数量化してみると、私たちが使うオノマトペには微細な痛みの情報が表されていることがわかる。いくつかおなかの痛みを表現する際に用いられるオノマトペをシステムに入力した結果を紹介する。医師や看護師へのヒアリングにより、医療現場で重要と考えられる評価尺度が採用されている。

「シクシク」の特徴は、軽い持続的な痛みであり、「キリキリ」は少し鋭く、狭いところに、持続的に感じる痛みであるのに対し、「ギューッ」は、強く、重く、長く、移動する感じもあり大きく、異物感が強い痛みであることが、言語音と意味の結びつきの音象徴性

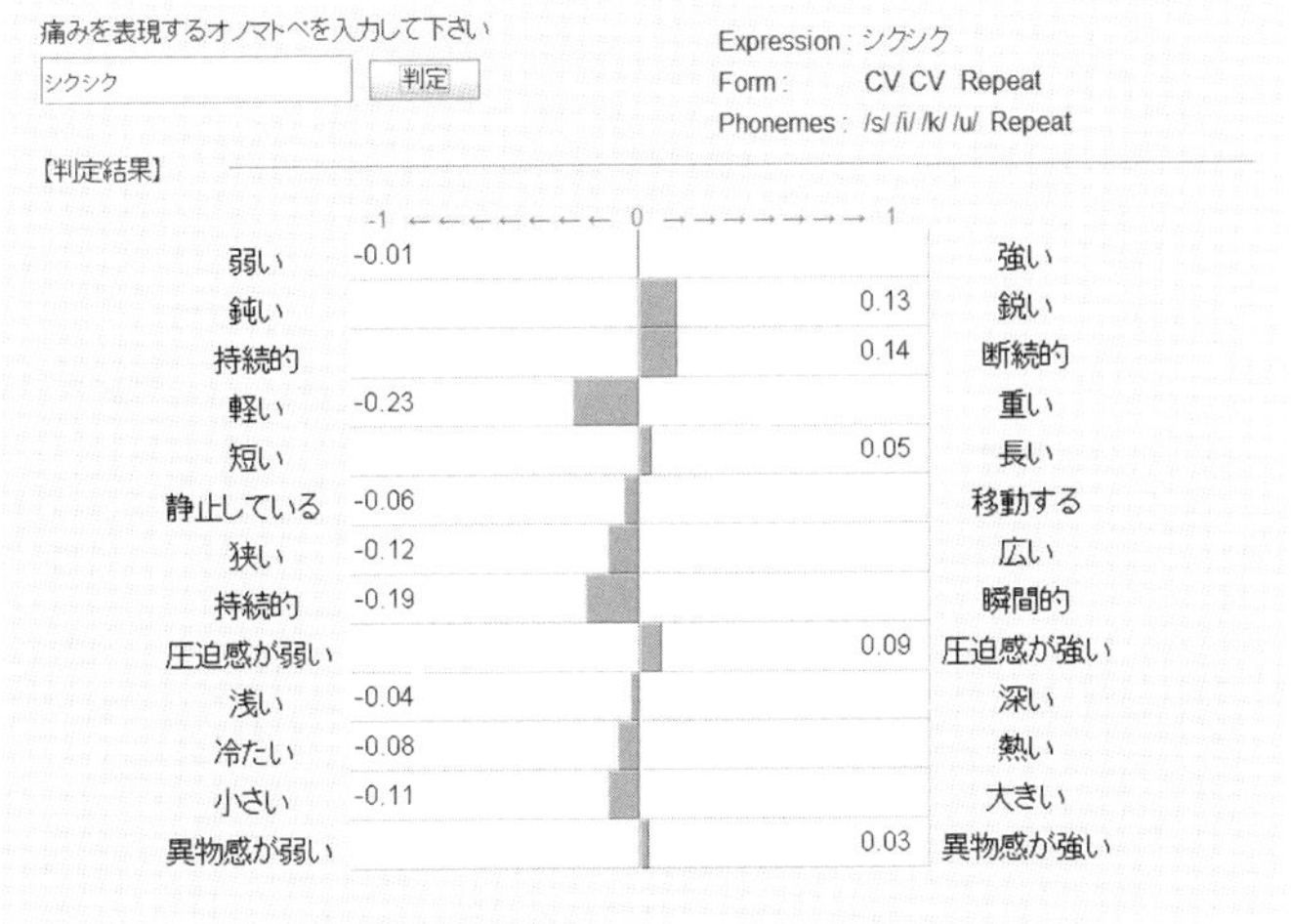

「シクシク」の判定結果

から数量的に予測されている。たった四つ程度の言語音で、これだけの微細な痛みの情報が表されるということは、オノマトペが無視できない情報であることを示していると言える。

オノマトペによる表現と比喩の組み合わせも、緊急時の判断で重要とされ、「頭がガーンと痛い」というオノマトペに加えて、「ハンマーで殴られたような痛み」という場合には、クモ膜下出血の確率が高いという。患者がオノマトペを積極的に用いること、そして医師がそのような患者の訴えに耳を傾けることが医療現場では重要ということである。

あとがき

本書は二〇一七年一月二一日に東京で開催された第一〇回NINJALフォーラム「オノマトペの魅力と不思議」(国立国語研究所主催、言語系学会連合共催)と連動する形で企画されたものである。本書の中の五つの章(第二、四、五、六、八章)はこの一般向けシンポジウムの発表に基づいており、その内容を書き下ろしたものである。本書を編集するにあたっては、オノマトペを別の観点から考察した三つの章(第一、三、七章)を加えて、さらに充実した内容を目指した。

前述のシンポジウムでは、四〇〇人近い参加者を集めて、日本語のオノマトペについて活発な議論がなされた。特にパネルディスカッションにおいては、参加者から一〇〇通近い質問が講師陣に寄せられたが、これはオノマトペに対する関心の高さを示すものである。ここでの発表や質疑応答が本書の中にも反映されている。この場を借りてシンポジウムに参加された方々にお礼を申し上げたい。

最後に、本書を刊行するにあたっては岩波書店編集部の濱門麻美子氏と松永真弓氏に大変お世話になった。あらためて感謝の意を表したい。

窪薗晴夫

執筆者一覧

浜野祥子(はまの しょうこ)

ジョージ・ワシントン大学教授．専門は，言語学・音韻論，日本語教育．著書に，『日本語のオノマトペ』(くろしお出版)など．

小野正弘(おの まさひろ)

明治大学教授．専門は，日本語の史的研究．著書に，『感じる言葉オノマトペ』(角川選書)，『オノマトペがあるから日本語は楽しい』(平凡社新書)，『日本語 オノマトペ辞典』(編著，小学館)など．

竹田晃子(たけだ こうこ)

立命館大学専門研究員．専門は，日本語方言学．著書に，『方言学入門』(共著，三省堂)，『まんがで学ぶ方言』(共著，国土社)，『日本語オノマトペ辞典』(共著，小学館)など．

秋田喜美(あきた きみ)

名古屋大学准教授．専門は，オノマトペの認知言語学．著書に，『オノマトペの認知科学』(今井むつみ氏との共著，新曜社，近刊)など．

岩崎典子(いわさき のりこ)

ロンドン大学SOAS Senior Lecturer(准教授)．専門は，応用言語学(第二言語習得，外国語教育など)．著書に，*The grammar of Japanese mimetics*(共編著，Routledge)など．

今井むつみ(いまい むつみ)

慶應義塾大学教授．専門は，認知心理学，発達心理学，言語心理学．著書に，『学びとは何か』『ことばと思考』(ともに岩波新書)，『ことばの発達の謎を解く』(ちくまプリマー文庫)など．

坂本真樹(さかもと まき)

電気通信大学教授．専門は，感性情報学．著書に，『女度を上げるオノマトペの法則』(リットーミュージック)，『坂本真樹先生が教える人工知能がほぼほぼわかる本』(オーム社)など．

窪薗晴夫
鹿児島県薩摩川内市出身．大阪外国語大学(現大阪大学外国語学部)英語学科卒業．名古屋大学大学院文学研究科博士前期課程，イギリス・エジンバラ大学大学院博士課程修了(言語学 Ph. D.)．南山大学助教授，大阪外国語大学助教授，神戸大学人文学研究科教授を経て，2010 年より国立国語研究所教授．
専門は，言語学・音声学．著書に，『日本語の音声』『新語はこうして作られる』(ともに岩波書店)，『数字とことばの不思議な話』(岩波ジュニア新書)など．

岩波科学ライブラリー 261
オノマトペの謎―ピカチュウからモフモフまで

2017 年 5 月 18 日　第 1 刷発行
2023 年 10 月 5 日　第 8 刷発行

編　者　窪薗晴夫《くぼぞのはるお》

発行者　坂本政謙

発行所　株式会社 岩波書店
〒101-8002 東京都千代田区一ツ橋 2-5-5
電話案内 03-5210-4000
https://www.iwanami.co.jp/

印刷 製本・法令印刷　カバー・半七印刷

ISBN 978-4-00-029661-8　　Printed in Japan

●岩波科学ライブラリー〈既刊書〉

295 時本真吾
あいまいな会話はなぜ成立するのか
定価一三二〇円
なぜ言葉になっていない話し手の意図を推測できるのか？　なぜわざわざ遠回しな表現をするのか？　会話の不思議をめぐり、哲学・言語学・心理学の代表的理論を紹介し、現代の脳科学にもとづく成果まで取り上げる。

296 山内一也
新版　ウイルスと人間
定価一三二〇円
ウイルスにとって、人間はとるにたらない存在にすぎない――ウイルス研究の泰斗が、ウイルスと人間のかかわりあいを大きな流れの中で論じる。旧版に、新型コロナウイルス感染症を中心とする最新知見を加えた増補改訂版。

297 マイケル・ダン、トニー・ホープ　訳　児玉　聡、赤林　朗
医療倫理超入門
定価一八七〇円
医療やケアに関する難しい決定を迫られる場面が増えている。医療資源の配分や安楽死の問題、認知症患者のどの時点での意思を尊重すべきか…。事例を交え医療倫理の考え方の要点を説明する。『〈1冊でわかる〉医療倫理』の改訂第二版。

298 三上　修
電柱鳥類学
スズメはどこに止まってる？
定価一四三〇円
電柱といえば鳥、電線といえば鳥。でも、そこで何をしているの？　カラスは「はじっこ派」？　感電しないのはなぜ？――あなたの街にもきっとある、鳥と電柱、そして人のささやかなつながりを、第一人者が描き出す。

299 乾　敏郎、阪口　豊
脳の大統一理論
自由エネルギー原理とはなにか
定価一五四〇円
脳は推論するシステムだ！　神経科学者フリストンは、「自由エネルギー原理」によって知覚、認知、運動、思考、意識など脳の多様な機能を統一的に説明する理論を提唱した。注目の理論を解説した初の入門書。

300 **あなたはこうしてウソをつく**

阿部修士

定価一四三〇円

なぜウソをつく？ ウソを見抜く方法はある？ ウソをつきやすい人はいる？ ウソをつきやすい状況は？ ウソをつくとき脳で何が起きている？ 人は元来ウソつきなのか、正直なのか？ 心理学と神経科学の最新知見を紹介。

301 **次なるパンデミックを回避せよ**
環境破壊と新興感染症

井田徹治

定価一四三〇円

人間が引き起こしてきた環境問題が、近年加速している動物由来感染症のパンデミックの背景にある。その関連性を、著者自身のルポや最新の研究報告、識者の発言を交えて解き明かし、正しい未来を作り直す術を提言する。

302 **子どもの算数、なんでそうなる？**

谷口　隆

定価一五四〇円

子どもの突拍子もない発想や間違いの奥には何があるのだろう。数学者である父親が、わが子と算数を考えることを楽しみながら、子どもの頭の中で何が起きたのかを推理する。学びとは何かを深く問いかけるエッセイ。

303 **深層学習の原理に迫る**
数学の挑戦

今泉允聡

定価一三二〇円

第三次人工知能ブームの中核的役割を果たす深層学習は、様々な領域に応用される一方、「なぜ優れた性能を発揮するのか」ということは分かっていない。深層学習の原理を数学的に解明するという難題に、気鋭の研究者が挑む。

304 **名随筆で学ぶ英語表現**
寺田寅彦　in　English

トム・ガリー、松下　貢

定価一四三〇円

現代的視点をもって、数多くの名随筆をうみだした物理学者・寺田寅彦。「茶碗の湯」など五編が英文となってうまれかわる。熟語、構文から科学的読み解きまで、充実した解説で科学の心と自然な英語表現が身につく。

定価は消費税一〇%込です。二〇二三年一〇月現在

●岩波科学ライブラリー〈既刊書〉

305 **抽象数学の手ざわり**
斎藤 毅
定価一四三〇円

ピタゴラスの定理や素因数分解といったなじみ深い数学を題材に、現代数学のキーワード「局所と大域」「集合と構造」「圏」「線形代数」などを解説。紙と鉛筆をもって体験すれば、現代数学の考え方がみえてくる。

306 **カイメン すてきなスカスカ**
椿 玲未
定価一七六〇円

どこを切ってもスッカスカ！ 動物？ 植物？ そもそも生物？ そんな存在感のないカイメンが、じつは生態系を牛耳る黒幕だった!? サンゴ礁の豊かな海も彼らなしには成り立たない。ジミにすごいその正体は？【カラー頁多数】

307 **学術出版の来た道**
有田正規
定価一六五〇円

学術出版は三五〇年を超える歴史を経て、特殊な評価・価値体系を形成してきた。その結果として生じている学術誌の価格高騰や乱立、オープンアクセス運動、ランキング至上主義といった構造的な問題を解き明かす。

308 **クオリアはどこからくるのか？**
統合情報理論のその先へ
土谷尚嗣
定価一五四〇円

これまでの研究における発展と限界、有望視されている統合情報理論、そして著者が取り組んでいるクオリア(意識の中身)を特徴づける研究アプローチを解説。意識研究の面白さ、研究者が抱いている興奮を伝える。

309 **僕とアリスの夏物語 人工知能の、その先へ**
谷口忠大
定価一七六〇円

突然現れた謎の少女アリス。赤ちゃんのように何も知らなかったが、主人公・悠翔たちから多くを学んでいく。しかしある日……!? AIと共存する未来とは。「発達する知能」はどう実現されるのか。小説と解説の合わせ技で迫る！

310
福島健児
食虫植物
進化の迷宮をゆく
定価一九八〇円

植物なのに肉食なんて！　この特殊能力のわりにマイナーなのはなぜか。ベジタリアンもいるの？　妙な形や「胃腸」はどこから？　気鋭の研究者の道案内で、その妖しい魅力に心ゆくまで囚われよう。【カラー口絵16頁】

311
砂川玄志郎
人類冬眠計画
生死のはざまに踏み込む
定価一三二〇円

人々の間でイメージが出来上がっているが、いまだ技術として確立していない人工冬眠。実現に向けてブレイクスルーとなりうる成果に携わった研究者が、自身の体験や想いを交えながら「人類冬眠計画」を披露する。

312
広瀬友紀
ことばと算数　その間違いにはワケがある
定価一四三〇円

「かける数とかけられる数、どっちがどっち？」「マイナスのマイナスは……とってもマイナス？」混乱する原因は、ことばのしくみにあることも。言語学者が小学生の間違いをもとに、意外に深いことばと算数の関係にせまる。

313
藤田敏彦
ヒトデとクモヒトデ　謎の☆形動物
定価一七六〇円

なんなの、あの形？　ひっくり返ったらどうする？　あの体で子育てもするの……!?　☆の体で生きるとは、どういうことなのか。あの形はどこからきたのか。海の☆たちのディープな世界に、いざ、ずぶずぶとはまろう。【カラー版】

314
宮竹貴久
「死んだふり」で生きのびる
生き物たちの奇妙な戦略
定価一四三〇円

動きを止めて、奇妙なポーズで「死んだふり」。本当に生きのびやすくなるの？　する・しないを決める要因とは？　将来、医療に死んだふりが役立つ!?　奇妙な行動戦略を深く掘り下げる、国内初の死んだふり入門書。

●岩波科学ライブラリー〈既刊書〉

315 **環境ＤＮＡ入門**
ただよう遺伝子は何を語るか
源　利文
定価一三二〇円

生きものたちが「そこにいた」痕跡、環境ＤＮＡは、生物研究の新たな扉を開きつつある。海の水からそこにすむ魚がわかり、葉っぱのはみ跡から「犯人」がわかる……!?　第一人者が、その驚くべき可能性を臨場感たっぷりに語る。

316 **あつまる細胞**
体づくりの謎
竹市雅俊
定価一八七〇円

細胞は、自発的に「あつまって」私たちの体をつくる。いったんバラバラにしても、また集まる。なぜ……!?　素朴な疑問から、細胞間接着分子カドヘリンの発見、そしてさらなる謎解きの旅路をたどり、発生の妙へと読者をいざなう。

317 **宇宙の化学**
プリズムで読み解く物質進化
羽馬哲也
定価一七六〇円

太古から人々は、虹という現象を介して太陽光が波長によって分かれる様子を目撃していた。この古くから知られる「分光」が、宇宙の物質進化を解明する鍵となる。さまざまな分野と結びついて発展してきた宇宙の化学の物語。

318 **脳がゾクゾクする不思議**
ＡＳＭＲを科学する
仲谷正史、山田真司、近藤洋史
定価一五四〇円

ゾクゾク……、ゾワゾワ……、ウズウズ……。このような言葉で形容される感覚・反応であるＡＳＭＲ。謎に包まれたこの生理現象を科学的に解明することはできるのか？　3人の研究者がそれぞれの専門領域から掘り下げる。

319 **大規模言語モデルは新たな知能か**
ChatGPT が変えた世界
岡野原大輔
定価一五四〇円

Chat GPT を支える大規模言語モデルとはどのような仕組みなのか。何が可能となり、どんな影響が考えられるのか。人の言語獲得の謎も解き明かすのか。新たな知能の正負両面をみつめ、今後の付き合い方を考える。

定価は消費税一〇％込です。二〇二三年一〇月現在